NOVENA DA ESPERANÇA
REZANDO NOVE MESES COM MARIA

Pe. Pedro Rubens Ferreira Oliveira, SJ

NOVENA DA ESPERANÇA
REZANDO NOVE MESES COM MARIA

Paulinas

Edições Loyola

Dados Internacionais de Catalogação na Publicação (CIP)
(Câmara Brasileira do Livro, SP, Brasil)

Oliveira, Pedro Rubens Ferreira
  Novena da esperança : rezando nove meses com Maria / Pedro Rubens Ferreira Oliveira. -- São Paulo : Edições Loyola (Aneas) : Paulinas, 2025. -- (Devoções populares-mini)

  ISBN 978-65-5504-431-7 (Loyola)
  ISBN 978-65-5808-331-3 (Paulinas)

  1. Devoções diárias - Igreja Católica 2. Maria, Virgem, Santa - Orações e devoções 3. Nossa Senhora da Esperança - Devoção 4. Novenas I. Título. II. Série.

25-250961 CDD-242.74

Índices para catálogo sistemático:
1. Nossa Senhora da Esperança : Devoção : Cristianismo   242.74

Cibele Maria Dias - Bibliotecária - CRB-8/9427

Diretor geral: Eliomar Ribeiro, SJ
Editor: Gabriel Frade

Diretora editorial (Paulinas): Ágda França

Capa: Ronaldo Hideo Inoue
Diagramação: Maurelio Barbosa
Preparação: Paulo Fonseca
Revisão: Maria Teresa Sampaio

Capa montada a partir da ilustração de © Hime Navarro.
Na contracapa, imagem de Nossa Senhora fornecida pelo autor.

Vinhetas do miolo de © Hime Navarro.

Edições Loyola

Rua 1822 nº 341, Ipiranga
04216-000 São Paulo, SP
T 55 11 3385 8500/8501, 2063 4275
editorial@loyola.com.br, **vendas**@loyola.com.br
loyola.com.br, 🌐 @edicoesloyola

Paulinas

Rua Dona Inácia Uchoa nº 62, Vila Mariana
04110-020 São Paulo, SP
T 55 11 2125 3500, **TM/SAC** 0800 70 100 81
editora@paulinas.com.br, **paulinas.com.br**

Todos os direitos reservados. Nenhuma parte desta obra pode ser reproduzida ou transmitida por qualquer forma e/ou quaisquer meios (eletrônico ou mecânico, incluindo fotocópia e gravação) ou arquivada em qualquer sistema ou banco de dados sem permissão escrita da Editora.

ISBN (Edições Loyola) 978-65-5504-431-7
ISBN (Paulinas) 978-65-5808-331-3

© EDIÇÕES LOYOLA, São Paulo, Brasil, 2025
© Pia Sociedade Filhas de São Paulo – São Paulo, 2025

SUMÁRIO

AGRADECER É PRECISO...	7
CONTEMPLAÇÃO ORANTE DA ESPERANÇA	9
Dom José Tolentino Mendonça	
ABERTURA	11
ROTEIRO PARA CADA MÊS	15
MARIA, GESTANTE DA ESPERANÇA MESSIÂNICA	17
Março, 1º mês/noite	
MARIA, TESTEMUNHA DA RESSURREIÇÃO E DISCÍPULA DA ESPERANÇA	27
Abril, 2º mês/noite	
MARIA, MULHER E MÃE FIEL À ESPERANÇA DO REINO	39
Maio, 3º mês/noite	
MARIA, COM ESPERANÇA, ESCUTAVA A VOZ DO CORAÇÃO	49
Junho, 4º mês/noite	
MARIA, ESPERANÇA NA LIBERDADE DOS FILHOS DE DEUS	61
Julho, 5º mês/noite	

MARIA, ESPERANÇA DA IGREJA E DE TODAS AS VOCAÇÕES   73
   Agosto, 6º mês/noite

MARIA, OUVINTE DA PALAVRA E DAS NOSSAS SÚPLICAS   85
   Setembro, 7º mês/noite

MARIA, MISSIONÁRIA DA ESPERANÇA.....................................   97
   Outubro, 8º mês/noite

MARIA E AS DORES DE PARTO DA ESPERANÇA...................... 107
   Novembro, 9º mês/noite

ORAÇÕES MARIANAS... 117

CANTOS 121

AGRADECER É PRECISO...

Agradeço, antes de tudo, a Deus,
fonte de toda Esperança;
à minha mãe, Professora Maria do Carmo, 90 anos,
líder comunitária na Igreja e nas Escolas;
e à comunidade eclesial do Discípulo Amado,
em Vazantes, Aracoiaba, interior do Ceará,
que me ensinou a fé e não menos
"a esperar contra toda esperança".

Agradeço a Dom José Tolentino,
amigo de fé e companheiro de missão educativa,
por apoiar mais esse projeto de oração com o povo de
Deus, conforme as palavras inspiradoras do seu texto.

Agradeço a Antônio Marinho,
sertanejo de fé, poeta popular e doutorando
de Ciências da Linguagem na Unicap, que concebeu
esse cordel inédito para a novena que propomos.

Agradeço ao Hime Navarro,
filho espiritual e amigo de tantas parcerias,
mestre em Indústrias Criativas
pela Unicap, criador da capa.

Agradeço, enfim, à irmã Ágda França,
diretora editorial de Paulinas Editora,
e ao padre Eliomar Ribeiro de Souza,
diretor nacional da Rede Mundial de Oração do Papa
(Apostolado da Oração) e diretor geral de Edições
Loyola, pela parceria que permitirá a esta novena
chegar a cada recanto deste imenso Brasil.

CONTEMPLAÇÃO ORANTE
DA ESPERANÇA

Dom José Tolentino Mendonça

Vem-me ao pensamento um poema de João Cabral de Melo Neto, com um título singular: "A Educação pela pedra". A questão que ele se coloca é a de saber como a convivência com um objeto que nos desafia e resiste pode ser iluminante para a nossa alma. Porque uma pedra é uma pedra: muda, inexpressiva, impessoal, aparentemente incapaz de expansão. E, no entanto, frequentar a pedra, escutar a sua moral precisa, compreender a sua "carnadura" concreta pode ser útil ao ser humano para conseguir soletrar-se a si mesmo e ir além de si mesmo.

A educação pela esperança, quem a experimentou na carne sabe, não é assim tão diferente da educação pela pedra. Quem faz discursos idealizados da esperança verdadeiramente não se deu conta do que ela é. Seria necessário contrariar a banalização da esperança, como se ela se propusesse dar-nos tudo sem nos pedir nada. Não se acede à esperança sem entrar numa relação exposta e total com aquelas experiências reais que nos permitem conhecer o que somos e o que os outros são. Entre essas estão certamente as alegrias e as tristezas que transportamos, a leveza e o peso das várias estações, a confiança e o medo, a unidade que somos ou não capazes de costurar, o modo como escolhemos construir a comunhão em vez do desamparo. Abraçar a esperança é peregrinar, com Deus e para Deus, através destas experiências radicadas no centro vivo da existência.

Maria é mestra de uma esperança assim: real, acessível a todos, partilhável, cotidiana, em construção. Uma esperança que não engana, porque centrada no infinito do amor que Jesus revela. Obrigado ao Padre Pedro Rubens por nos abrir, de forma tão certeira, à contemplação orante da esperança.

Dom José Tolentino Mendonça
† Cardeal Prefeito do Dicastério para a Cultura.

ABERTURA

Nossa Senhora da Esperança,
rogai por nós!

"A esperança encontra, na Mãe de Deus, a sua testemunha mais elevada. Nela vemos como a esperança não é um efêmero otimismo, mas dom de graça no realismo da vida". Com essas palavras, o Papa Francisco conclui a Bula anunciando o Jubileu ordinário do ano de 2025, *Spes non confundit,* que em português quer dizer: "A esperança não decepciona". E com essas mesmas palavras motivadoras, proponho essa novena a Nossa Senhora da Esperança. Como sabemos, a esperança precisa ser renovada constantemente, portanto, para além do tempo favorável do Jubileu.

Trata-se de uma forma de caminhar com Maria, da Anunciação ao Natal, uma vez por mês, renovando nossa esperança em uma humanidade nova, segundo o mistério da Palavra que se fez carne e habitou entre nós. Nascido de uma mulher, Jesus é o grande sinal de realização da Promessa abraâmica e da esperança messiânica. Maria, símbolo do povo que esperava em Deus, tornou-se "Mãe da Misericórdia e esperança nossa", como rezamos na salve-rainha.

A novena à Nossa Senhora da Esperança surgiu de três fontes de inspiração. A primeira delas foi o Papa Francisco, que, além de lançar o Jubileu da Esperança para 2025, vem valorizando e renovando a religiosidade popular, as formas de oração simples e profundas, como frisa em tantas homilias, e vem dando novo impulso ao Apostolado da Oração. A segunda fonte de inspiração foi a minha comunidade de origem, Vazantes, distrito de Aracoiaba, no interior do Ceará, cuja igreja foi edificada em 1895. Mas, como não é ainda sede de paróquia e nem sempre tem a eucaristia dominical, o povo desenvolveu uma série de novenas e rezas, o que mantém a fé viva e a igreja aberta todas as noites. Foi lá que aprendi a força da fé simples e foi lá que ensaiamos esta proposta, rezando com Maria grávida, de março a dezembro, quando se celebra a festa do padroeiro no ciclo do Natal, com a "novena das 7 portas" segundo São João Evangelista. Foi também nesta comunidade que criamos a *Novena dos sete sonhos de São José* (São Paulo: Paulinas, 2024). A terceira inspiração, enfim, veio do projeto de buscar, enquanto teólogo, uma teologia prática, mais próxima da linguagem do povo, ou então um jeito de fazer teologia valorizando e renovando as expressões populares e os encontros de oração entre familiares e vizinhos. Trata-se igualmente de retomar o estilo dos "círculos bíblicos" associados à piedade popular, na perspectiva da atualização e reforma conciliar, sob o novo impulso e liderança do Papa Francisco.

Concretamente, propomos uma noite de oração no dia 25 de cada mês ou em data próxima, conforme conveniência e organização de cada grupo, começando com a Anunciação e chegando ao Advento, tempo favorável a uma pedagogia da esperança, preparando-nos para celebrar o nascimento do Messias de Deus: Maria, mãe da Esperança, pode ser colocada na coroa do Advento, como se faz em muitas comunidades.

Que fazendo esse exercício espiritual, reunidos em nossas famílias e comunidades de fé, de forma presencial ou virtual, nos apartamentos ou nas periferias, nas comunidades do interior ou na cidade grande, possamos gestar em nós a esperança messiânica do Reinado de Deus, andando passo a passo com Maria, Nossa Senhora da Esperança.

Creio que, assim, onde houver uma centelha de esperança e pessoas de fé, a oração proposta neste livrinho despertará o amor de Deus, derramado em nossos corações pelo Espírito que nos foi dado, graças à esperança que não decepciona nunca (cf. Rm 5,5). Assim seja!

Padre Pedro Rubens, SJ
Advento de 2024

ROTEIRO
PARA CADA MÊS

1. ABERTURA: saudação e hino (cordel);

2. À ESCUTA DA PALAVRA DE DEUS e meditação partilhada;

3. PALAVRAS DE SABEDORIA segundo algum autor;

4. AGRADECIMENTOS E PRECES;

5. RITOS FINAIS: gesto concreto, pai-nosso, ave-maria e oração à Nossa Senhora da Esperança.

MARIA, GESTANTE DA ESPERANÇA MESSIÂNICA

Março, 1º mês/noite

I. ABERTURA:

Animador(a): Relembrando as glórias do Senhor e de sua Santa Mãe, estamos reunidos em nome do Pai, do Filho e do Espírito Santo!
– Amém!

Animador(a): Como Maria costumava guardar e "meditar todas as coisas em seu coração" (cf. Lc 2,19), pensemos, num minuto de silêncio, em nossas maiores preocupações, em nossos problemas, nos problemas das pessoas que conhecemos e na falta de esperança que existe na nossa família, na nossa comunidade, no Brasil e no mundo. [*pausa*]

Orai, irmãos e irmãs
frutos da Nova Aliança

rezai junto à Mãe de Deus
a Senhora da Esperança
desde a anunciação
até a encarnação
do Verbo santo e divino
alegrai a humanidade
saudando a maternidade
que cuidou do Deus menino.

Vamos ouvir com Maria
a santa anunciação
março é mês para plantar
conceber a gestação
que nós também escutemos
o anúncio e aceitemos
com coragem e sem espanto
pra que o mundo que sonhamos
com fé também concebamos
com a luz do Espírito Santo.

Luz da anunciação
proteção para o caminho
virgem santa, mãe das mães
escuta, colo e carinho
face da fé encarnada
estrela vocacionada

promessa da aliança
alegria pra missão
ventre para a salvação
Maria, nossa esperança.

Leitor(a) 1: A esperança é uma virtude cristã, compondo com a fé e o amor as três virtudes teologais. Mas muitos poetas e sábios falaram da esperança como essencial para todas as pessoas e até mesmo para os povos e coletividades.

Leitor(a) 2: "É preciso ter esperança, mas ter esperança do verbo esperançar; porque tem gente que tem esperança do verbo esperar. E esperança do verbo esperar não é esperança, é espera. Esperançar é se levantar, esperançar é ir atrás, esperançar é construir, esperançar é não desistir" (Paulo Freire).

Leitor(a) 3: E, como bem disse o Papa Francisco, na Bula que anunciou o ano jubilar de 2025, "a esperança encontra, na Mãe de Deus, a sua testemunha mais elevada. Nela vemos como a esperança não é um efêmero otimismo, mas dom de graça no realismo da vida".

Oremos: Ó Maria, tu, que escutaste a Palavra de Deus e guardaste todas as coisas em teu coração, ensina-nos também a fazer essa mesma experiência de fé. Coloca-nos junto com teu Filho Jesus, sinal visível e encarnação da esperança de Deus na humanidade, ele que é Deus conosco e vive e reina com o Pai, na unidade do Espírito Santo. Amém!

Canto: *(à escolha, ver p. 121-136.)*

2. À ESCUTA DA PALAVRA DE DEUS:

Evangelho de Jesus Cristo segundo São Lucas 1,26-38.

No sexto mês, o anjo Gabriel foi mandado por Deus a uma cidade da Galileia, chamada Nazaré, a uma virgem prometida em casamento a um homem chamado José, da casa de Davi. A virgem se chamava Maria. O anjo entrou onde ela estava e lhe disse: "Alegra-te, cheia de graça! O Senhor está contigo". Ela se perturbou com estas palavras e perguntava de si para si o significado desta saudação. Mas o anjo continuou: "Não tenhas medo, Maria! Achaste graça diante de Deus. Conceberás e darás à luz um filho, ao qual porás o nome de Jesus. Ele será grande e será chamado Filho do Altíssimo. O Senhor lhe dará o trono de Davi, seu pai. Ele reinará eternamente sobre a casa de Jacó e seu reino não terá fim". Então,

Maria perguntou ao anjo: "Como se fará isso? Pois sou virgem". O anjo respondeu: "O Espírito Santo virá sobre ti e o poder do Altíssimo te envolverá em sua sombra. Por isso, aquele que vai nascer será santo e será chamado Filho de Deus. Vê: também Isabel, tua parenta, concebeu um filho na velhice. E ela, que era chamada estéril, já está no sexto mês; porque a Deus nada é impossível". Maria disse então: "Eis aqui a serva do Senhor. Seja-me feito segundo a tua palavra". E o anjo a deixou.

Animador(a): Depois de uma longa história do povo de Deus, no meio de tantas dificuldades, Deus anuncia uma nova esperança, a partir de pessoas comuns e simples, mas fiéis ao Senhor dos senhores. O anúncio do mensageiro de Deus a Maria é uma grande notícia para todo o povo, que colocava a sua última esperança em Deus e esperava um Messias, um enviado de Deus. Associado com a vinda do Messias esperado, Jesus, temos ainda outro sinal de esperança, que o precede: o nascimento do filho de um casal já idoso, João Batista.

(a) Quais são as situações que causam desespero ou enfraquecimento da esperança nos dias de hoje, em nosso meio?

(b) Quais são os sinais de esperança que identificamos atualmente nas famílias, nas comunidades, no país e no mundo?

3. PALAVRAS DE SABEDORIA, segundo a devoção à Nossa Senhora da Esperança.

O título de Nossa Senhora da Esperança não é novo. No ano 930, os fiéis cristãos franceses ergueram, em Mézières, um santuário sob esta invocação. E em 1050, o monge Hermano Contracto, no mosteiro de Reichenau, no Sacro Império Romano-Germânico, compôs uma oração que ficou muito popular, associando a esperança cristã a Maria: "Salve, Rainha, Mãe de Misericórdia, vida e doçura, esperança nossa, salve!".

Encontramos o sentido e as origens desse título mariano em, pelo menos, duas referências, diferentes e complementares. Primeiramente, nas Escrituras, Maria é uma representante daqueles que esperavam unicamente em Deus e, assim, em seu seio materno, vai gestar Jesus, o Cristo, sinal encarnado da esperança messiânica do povo de Deus. A segunda origem, porém, nasce da experiência e da interpretação dos fiéis, que, lendo as Escrituras no espelho de suas vidas, foram se identificando com Maria, mulher que acompanhou Jesus da anunciação do anjo até o seu último suspiro na cruz.

Assim, o povo viu nela uma intercessora junto a Deus, ícone da esperança, diante de tantas necessidades pessoais, tornando-se "Maria, Mãe dos desesperados ou desesperançados deste mundo".

Por ocasião do Jubileu da Esperança, iniciado com a abertura da Porta Santa, em 24 de dezembro de 2024, e que terminará na Epifania, em 6 de janeiro de 2026, inauguramos esta novena, que poderá, a partir de agora, ser rezada a cada ano. Propomos que seja rezada nos dias 25 de cada mês, ou em data próxima, conforme conveniência, desde a Anunciação até o Advento, festa da esperança, preparando-nos para o nascimento do Messias de Deus.

Que fazendo esse exercício espiritual, possamos gestar em nós, em nossas famílias e comunidades de fé, a esperança messiânica do Reinado de Deus!

4. AGRADECIMENTOS E PRECES:

Animador(a): No documento em que lançou o Jubileu da Esperança, o Papa Francisco fala dos sinais concretos que devemos fazer em nome de uma esperança ativa. Recordaremos esses sinais em forma de preces, dizendo juntos:

Refrão: **"Nós te pedimos, Senhor, por intercessão de Maria, mãe da Esperança."**

(1) O primeiro sinal de esperança deve ser "a paz para o mundo, mais uma vez imerso na tragédia da guerra" (n. 8). Pela paz no mundo e pelo combate a toda e qualquer violência, rezemos.

(2) O segundo sinal de esperança deve ser "uma visão de vida carregada de entusiasmo a ser transmitida" (n. 9). Pelas novas gerações, para que sejam geradoras de vida e tenham gosto de viver, rezemos.

(3) O terceiro sinal deve ser voltado para as pessoas que vivem em situações difíceis, como as que vivem nas prisões, lugares que nem sempre respeitam os direitos humanos fundamentais (n. 10); além disso, sabemos que em alguns países existe ainda a pena de morte. Por essas pessoas e suas famílias, rezemos.

(4) O quarto sinal é voltado para as pessoas enfermas, em suas casas ou em hospitais, ou para tantas outras que não têm condições de fazer o tratamento necessário; para muitas, apenas uma visita pode significar um alento de esperança (n. 11). Por todas essas pessoas, rezemos.

(5) O quinto sinal faz alusão aos jovens, sobretudo àqueles que sofrem com "a ilusão das drogas,

o risco da transgressão e a busca do efêmero", confundindo o verdadeiro sentido da vida (n. 12). Por tantos jovens e adolescentes nessas situações, rezemos.

(6) Não podemos nos esquecer de demonstrar sinais de solidariedade e de esperança aos migrantes, aos deslocados e aos refugiados (n. 13). Por todas as pessoas que abandonam as suas terras por causa das guerras, da violência, da discriminação e de tantas outras situações semelhantes, rezemos.

(7) Enfim, como bem recorda o Papa Francisco, expressemos gestos de apoio e esperança para com as pessoas idosas, muitas vezes sozinhas e abandonadas, notadamente os avôs e avós, "que representam a transmissão da fé e da sabedoria de vida às gerações mais jovens" (n. 14). Por todas essas pessoas, especialmente as mais empobrecidas, rezemos.

5. RITOS FINAIS:

Animador(a):

– Com Maria, Mãe da esperança, em comunhão com todos os que cultivam sonhos de um mundo novo, digamos a oração que o Senhor nos ensinou, seguida de uma ave-maria.

Pai Nosso...

Ave Maria...

– Para alimentar a nossa esperança, precisamos de gestos bem concretos: o que poderíamos fazer, pessoalmente ou em grupo, ao longo deste mês para aumentar a nossa esperança e a daqueles que mais necessitam?

– Rezemos à Nossa Senhora da Esperança:

ORAÇÃO À NOSSA SENHORA DA ESPERANÇA

Senhora da Esperança, tua alegria era fazer a vontade do Pai. Tua vida era estar atenta às necessidades dos outros. Intercede por nós! Quando nossa fé vacila, quando somos tentados a desesperar, Senhora da Esperança, intercede por nós! Quando fechamos o coração, quando consentimos a injustiça, Senhora da Esperança, intercede por nós! Quando parece ser difícil seguir teu Filho, quando nos cansamos de fazer o bem, Senhora da Esperança, intercede por nós! Quando o não se antecipa ao nosso sim, leva-nos a Jesus Cristo, nossa esperança.

– Amém!

Canto final e Confraternização.

MARIA, TESTEMUNHA DA RESSURREIÇÃO E DISCÍPULA DA ESPERANÇA

Abril, 2º mês/noite

I. ABERTURA:

Animador(a): Relembrando as glórias do Senhor e de sua Santa Mãe, estamos reunidos em nome do Pai, do Filho e do Espírito Santo!
– Amém!

Animador(a): Depois da caminhada quaresmal e da Campanha da Fraternidade, os cristãos celebram a Páscoa do Senhor. A quaresma faz a memória do povo de Deus, que caminha pelos desertos da vida, do primeiro passo de Abraão aos caminhos de liberdade e libertação ao longo da história, das pessoas que põem toda sua confiança e esperança em Deus. Afinal, como diz o poeta, "esperança não é esperar, é caminhar" (Daniel Lima). [*pausa*]

Orai, irmãos e irmãs
frutos da Nova Aliança
rezai junto à Mãe de Deus
a Senhora da Esperança
desde a anunciação
até a encarnação
do Verbo santo e divino
alegrai a humanidade
saudando a maternidade
que cuidou do Deus menino.

Vamos andar com Maria
Santa Mãe dos caminhantes
do deserto ao leite e mel
lembremos dos emigrantes
que procuram salvação
abril é Páscoa, é unção
passagem para a bonança
um novo tempo é chegado
no amor do Ressuscitado
Fonte da nossa esperança.

Luz da anunciação
proteção para o caminho
virgem santa, mãe das mães
escuta, colo e carinho

face da fé encarnada
estrela vocacionada
promessa da aliança
alegria pra missão
ventre para a salvação
Maria, nossa esperança.

Leitor(a) 1: Os passos de Abraão, pai da fé, foram seguidos por muitas gerações, que atravessavam desertos, rios e até mares. Maria seguiu esses passos em muitas travessias: primeiro, como mulher do povo, fazia parte do pequeno resto de Israel; grávida, vai com José para fazer o recenseamento em Belém; nascida a criança, o casal tem que fugir para o Egito, como tantos migrantes e refugiados; anos depois, a mãe e o menino voltam com José, estabelecendo-se em Nazaré, onde havia melhores condições de trabalho para um carpinteiro.

Leitor(a) 2: Maria ficou viúva, mas continuou acompanhando seu filho nos três anos de sua missão. Certamente percebeu tanto o bem que Jesus fez, como os riscos que corria por contrariar os chefes do povo. Ela guardava muitas coisas em seu coração, oferecendo seu Filho ao Pai e, assim, caminhou com Jesus até a cruz. Depois da paixão de Jesus, acompanhada de João, o discípulo amado, Maria fazia parte das comunidades que continuaram a missão de Jesus, testemunhando, com os apóstolos e discípulos, a experiência de Pentecostes, da Ascensão do Senhor e da Igreja nascente.

Oremos: Ó Maria, tu, que escutaste a Palavra de Deus e guardaste todas as coisas em teu coração, ensina-nos também a fazer essa mesma experiência de fé, acompanhando Jesus do nascimento até a cruz, do início ao fim da missão messiânica. Coloca-nos junto com teu Filho Jesus Cristo, crucificado injustamente, mas ressuscitado pelo Pai e fonte de toda alegria. Amém!

Canto: *(à escolha, ver p. 121-136.)*

2. À ESCUTA DA PALAVRA DE DEUS:

As dores de Jesus e de Maria, a alegria da ressurreição. Maria ao pé da cruz.

Evangelho de Jesus Cristo segundo São João 19,25-27.

Perto da cruz de Jesus, estavam sua mãe, a irmã de sua mãe, Maria, mulher de Cléofas, e Maria Madalena. E Jesus, vendo sua mãe e perto dela o discípulo a quem amava, disse à sua mãe: "Mulher, eis aí teu filho!". Em seguida, disse ao discípulo: "Eis aí tua mãe!". E desde aquela hora o discípulo a recebeu aos seus cuidados.

Recordemos a morte de Jesus, e, em silêncio, de joelhos, meditemos em nosso coração sobre as dores do Filho e de sua mãe. Depois, de pé, continua a leitura... A alegria da ressurreição muda tudo.

Evangelho de Jesus Cristo segundo São João 20,1-18.

No primeiro dia da semana, Maria Madalena foi bem cedo ao sepulcro, quando ainda estava escuro, e viu que a pedra que o fechava tinha sido tirada. Correu, então, à procura de Simão Pedro e do outro discípulo, aquele a quem o Senhor amava, e lhes falou: "Retiraram do sepulcro o Senhor e não sabemos onde o puseram!". Pedro saiu com o outro discípulo, e eles se dirigiram para o sepulcro. Os dois corriam juntos. Mas o outro discípulo, correndo mais depressa que Pedro, chegou antes ao sepulcro. Inclinando-se, observou os panos afrouxados; mas não entrou. Simão Pedro chegou depois dele, entrou no sepulcro e viu os panos de linho afrouxados. Mas o sudário que tinha sido ajustado à cabeça de Jesus não estava afrouxado com os panos, mas enrolado exatamente no seu lugar. O outro discípulo que havia chegado primeiro também entrou, viu e acreditou. Pois, de fato, ainda não tinham compreendido que, segundo a Escritura, ele devia ressuscitar dos mortos. Então os discípulos voltaram para casa. Maria, contudo, ficou fora chorando, perto do sepulcro. Enquanto soluçava, inclinou-se para o túmulo, e viu dois anjos vestidos de branco, sentados, um à cabeceira, outro aos pés do lugar onde o corpo de Jesus tinha sido depositado. Perguntaram-lhe: "Mulher, por que choras?". Ela respondeu: "Levaram o meu Senhor e não sei onde o colocaram". Dizendo isso, voltou-se para trás e viu Jesus de pé, mas não percebeu que era ele. Jesus disse: "Mulher, por que choras? A quem procuras?". Ela o confundiu com o jardineiro e lhe pediu: "Senhor, se foste tu que o levaste, dize-me onde o puseste para que eu vá buscá-lo!". Jesus lhe disse: "Maria!". Ela, voltando-se, falou-lhe em hebraico: "Rabbuni!", que significa "Mestre". Jesus disse: "Não me segures mais, pois já não estou glorificado face ao Pai? Vai, porém, procura meus irmãos para lhes dizer: subo para meu Pai e vosso Pai, meu Deus e vosso Deus". Maria Madalena foi anunciar aos discípulos: "Vi o Senhor!". E contou o que Jesus tinha dito.

Animador(a): Vamos refletir e partilhar a vida no espelho das Escrituras:

    (a) Apesar da ressurreição de Jesus, de sua nova e eterna aliança pela salvação humana, a cruz continua presente na vida de tantas pessoas. Quais são as maiores cruzes e sofrimentos da humanidade?

(b) Apesar dos sofrimentos da humanidade, podemos ter esperança, porque Cristo Ressuscitou. Quais são os sinais de ressurreição e de esperança mais visíveis e importantes no meio de nós?

3. PALAVRAS DE SABEDORIA, segundo Charles Péguy.

A crença de que eu gosto mais, diz Deus, é a esperança.
A fé, isso não me espanta.
Isso não é espantoso. [...]
A caridade, diz Deus, isso não me espanta.
Isso não é espantoso.
Essas pobres criaturas são tão infelizes que a não ser que tivessem um coração de pedra, como não haveriam de ter caridade umas para com as outras?
Como não haveriam de ter caridade para com seus irmãos?
Como é que eles não haviam de tirar o pão da boca, o pão de cada dia, para dá-lo a desgraçadas crianças que passam?

E meu filho teve para com eles uma tal caridade.
Meu filho, irmão deles.
Uma tão grande caridade.
Mas a esperança, diz Deus, eis o que me espanta.
A mim mesmo.
Isso é espantoso.
Que essas pobres crianças vejam como tudo isso acontece e acreditem que amanhã vai ser melhor.
Que vejam como isso acontece hoje e acreditem que vai ser melhor amanhã cedo.
Isso é espantoso e é mesmo a maior maravilha da nossa graça. [...]
O que me espanta, diz Deus, é a esperança.
E fico pasmo.
Essa pequena esperança que parece uma cousa de nada.
Essa pequena esperança.
Imortal.
Porque as minhas três virtudes, diz Deus.
As três virtudes, minhas criaturas.
Minhas filhas, minhas crianças.
Elas próprias são como as minhas outras criaturas. [...]
Da raça dos homens.

A Fé é uma Esposa fiel.
A Caridade é uma Mãe.
Uma mãe ardente, cheia de coração.
Ou uma irmã mais velha, que é como uma mãe.
A Esperança é uma meninazinha de nada.
(PÉGUY, C., A esperança. In: ALMEIDA, Guilherme de (org. e trad.). *Poetas de França*. São Paulo: Companhia Editora Nacional, ³1958.)

4. AGRADECIMENTOS E PRECES:

Animador(a): O Filho de Maria nos assegura: "Onde dois ou três estiverem reunidos em meu Nome, ali eu estou no meio deles" (cf. Mt 18,19-20). Por intercessão de Maria, roguemos ao Senhor:

**Refrão: "Com tua santa Mãe,
nós te louvamos e suplicamos."**

(1) Filho de Deus e Filho de Maria, tu que és a esperança do mundo, ensina-nos a discernir os sinais de uma humanidade nova, rezemos.
(2) Filho de Deus e Filho de Maria, por todas as pessoas que alimentam a esperança, promovem a caridade e renovam a fé, rezemos.

(3) Filho de Deus e Filho de Maria, Príncipe da Paz, por todas as pessoas que trabalham pela paz e combatem a violência, rezemos.

(4) Filho de Deus e Filho de Maria, juntamente com o bom José, protegei as famílias e fortalecei-as diante das dificuldades, rezemos.

(5) Filho de Deus e Filho de Maria, pelos jovens e adolescentes, para que redescubram a esperança e construam projetos de uma vida melhor, rezemos.

(6) Filho de Deus e Filho de Maria, amigo das crianças e parceiro dos pequeninos, para que eles não desanimem com os problemas da vida, rezemos.

(7) Apresentemos, em silêncio ou de viva voz, nossos pedidos pessoais ou coletivos... rezemos.

5. RITOS FINAIS:

Animador(a):

– Com Maria, Mãe da esperança, em comunhão com todos os que cultivam sonhos de um mundo novo, digamos a oração que o Senhor nos ensinou, seguida de uma ave-maria.

Pai Nosso...
Ave Maria...

– Para alimentar a nossa esperança, precisamos de gestos bem concretos: o que poderíamos fazer, pessoalmente ou em grupo, ao longo deste mês para aumentar a nossa esperança e a daqueles que mais necessitam?

– Rezemos à Nossa Senhora da Esperança:

ORAÇÃO À NOSSA SENHORA DA ESPERANÇA

Senhora da Esperança, tua alegria era fazer a vontade do Pai. Tua vida era estar atenta às necessidades dos outros. Intercede por nós! Quando nossa fé vacila, quando somos tentados a desesperar, Senhora da Esperança, intercede por nós! Quando fechamos o coração, quando consentimos a injustiça, Senhora da Esperança, intercede por nós! Quando parece ser difícil seguir teu Filho, quando nos cansamos de fazer o bem, Senhora da Esperança, intercede por nós! Quando o não se antecipa ao nosso sim, leva-nos a Jesus Cristo, nossa esperança.

– Amém!

Canto final e Confraternização.

MARIA, MULHER E MÃE FIEL À ESPERANÇA DO REINO

Maio, 3º mês/noite

I. ABERTURA:

Animador(a): Relembrando as glórias do Senhor e de sua Santa Mãe, estamos reunidos em nome do Pai, do Filho e do Espírito Santo!
– Amém!

Animador(a): Maio inicia-se com o dia dos trabalhadores e trabalhadoras, a festa de São José operário, mas é igualmente marcado pelo Dia das Mães, sendo considerado um mês tipicamente mariano. No Brasil, temos muitas celebrações de novenas e trezenas que se concluem no dia 13 de maio, segundo a devoção à Nossa Senhora de Fátima, além de tantos outros títulos, invocações e devoções a Maria. [*pausa*]

Orai, irmãos e irmãs,
frutos da Nova Aliança
rezai junto à Mãe de Deus
a Senhora da Esperança
desde a anunciação
até a encarnação
do Verbo santo e divino
Alegrai a humanidade
saudando a maternidade
que cuidou do Deus menino.

Vamos abraçar Maria
mais belo lírio entre as flores
maio é o mês mariano
das mães, dos trabalhadores
e a Senhora do Caminho
nos envolve com o carinho
que só as mães têm pra dar
Na travessia deserta
é ela a estrada certa
luz pro nosso caminhar.

Luz da anunciação
proteção para o caminho
virgem santa, mãe das mães

escuta, colo e carinho
face da fé encarnada
estrela vocacionada
promessa da aliança
alegria pra missão
ventre para a salvação
Maria, nossa esperança.

Leitor(a) 1: Em 24 de maio, celebra-se a festa de Nossa Senhora da Estrada, ou do Caminho, devoção que começou no século XIII, na Itália. Naquela época, um autor desconhecido colocou um ícone de Maria com o Menino Jesus, de autoria anônima, numa capelinha à beira da estrada, em uma das saídas de Roma para o interior do país. Espontaneamente, os viajantes começaram a passar pela capela para rezar a Deus, pedindo a proteção de Maria, ela que conheceu os perigos da travessia do deserto e das estradas. Rapidamente, a devoção cresceu e ganhou todo o mundo cristão.

Leitor(a) 2: No local da antiga capela, foi construída uma igreja maior, passando por várias demolições e reformas, mas sempre abrigando o mesmo quadro de Nossa Senhora. A última construção, entre 1568 e 1584, foi a igreja do Santíssimo Nome de Jesus (*Chiesa del Gesù*), doada aos jesuítas pelo Papa Paulo III e onde encontramos, até hoje, um altar com o quadro original. A devoção à Nossa Senhora da Estrada chegou ao Brasil com os jesuítas, no século XVI, também com o título de Nossa Senhora do Caminho. Atualmente, é também difundida pela pastoral rodoviária, um serviço da Igreja Católica aos que trabalham pelas estradas deste imenso país.

Oremos: Ó Maria, tu, que escutaste a Palavra de Deus e guardaste todas as coisas em teu coração, ensina-nos também a fazer essa mesma experiência de fé, colocando-nos mais concretamente a serviço do próximo, sobretudo daqueles que mais necessitam. Coloca-nos junto com teu Filho Jesus Cristo, para que possamos mais amá-lo e segui-lo. Por Cristo, nosso Senhor. Amém!

Canto: *(à escolha, ver p. 121-136.)*

2. À ESCUTA DA PALAVRA DE DEUS:

Maria testemunha a necessidade dos outros e intercede junto a Jesus.

Evangelho de Jesus Cristo segundo São João 2,1-12.

Três dias depois, celebrou-se um casamento em Caná da Galileia, e ali estava a Mãe de Jesus. Jesus e seus discípulos também foram convidados para esse casamento. Como o vinho estava acabando, a mãe de Jesus lhe disse: "Eles não têm mais vinho". Jesus respondeu: "Mulher, que relação há entre mim e ti? Já não chegou a minha hora"? Sua mãe disse aos serventes: "Fazei tudo que ele vos mandar". Estavam ali seis talhas de pedra destinadas às purificações dos judeus, cabendo em cada uma oitenta ou cento e vinte litros de água. Jesus disse: "Enchei de água essas talhas". Encheram-nas até a boca. Mandou, então: "Tirai, agora, um pouco e levai ao chefe do serviço". Eles levaram. O chefe do serviço provou da água mudada em vinho. Ele não sabia qual era sua origem — apesar dos serventes saberem — e falou com o noivo: "Toda gente serve primeiro o bom vinho. Quando os convidados já estão alegres por causa do vinho, serve o de qualidade inferior. Tu, porém, guardaste o melhor vinho até agora!". Deste modo, Jesus deu início em Caná da Galileia a seus sinais e revelou sua glória. E seus discípulos creram nele. Depois disto, ele desceu até Cafarnaum com sua mãe, seus irmãos e seus discípulos. Ficaram ali apenas alguns dias.

(a) Maria acompanhava Jesus e os discípulos nas estradas da vida, e também nas festas da comunidade. Interessante como ela participa da festa e se preocupa com a situação dos outros.

Assim também existem, na Igreja, diversas pastorais e serviços. Que pastorais e serviços aos necessitados você conhece? Com quais deles você colabora?

(b) É importante observar também que São João, o Evangelista, em vez de milagre, fala de sinal: nas bodas de Caná, Jesus realizou o seu primeiro sinal de esperança, sinal do Reinado de Deus. Quais são os sinais de esperança que nos ajudam a perceber que o Senhor está no meio de nós?

3. PALAVRAS DE SABEDORIA segundo o Papa Francisco.

A maternidade de Maria é o caminho para encontrar a ternura paterna de Deus, o caminho mais próximo, mais direto, mais fácil. Este é o estilo de Deus: proximidade, compaixão e ternura. Com efeito, é a Mãe que nos conduz ao início e ao coração da fé; esta não é uma teoria nem um empenho pessoal, mas um dom imenso, que nos faz filhos amados, moradas do amor do Pai. Por isso, acolher na própria vida a Mãe não é uma decisão de mera devoção; é uma exigência de fé: "Se queremos ser cristãos, devemos ser marianos" (São Paulo VI, *Homilia*, 24 abr. 1970), isto é, filhos de Maria.

A Igreja precisa de Maria para descobrir o próprio rosto feminino: para se assemelhar ainda mais a ela que, como mulher Virgem e Mãe, representa o seu modelo e figura perfeita (cf. *Lumen gentium*, n. 63); para abrir espaço às mulheres e ser geradora através duma pastoral feita de cuidado e solicitude, paciência e coragem materna. O próprio mundo precisa olhar para as mães e as mulheres a fim de encontrar a paz, escapar das espirais da violência e do ódio, voltar a ter um olhar humano e um coração que vê. E toda a sociedade precisa acolher o dom da mulher, de cada mulher: respeitá-la, protegê-la, valorizá-la, sabendo que quem fere, ainda que seja uma única mulher, profana Deus, nascido de mulher (PAPA FRANCISCO, *Homilia*, 1º jan. 2024).

4. AGRADECIMENTOS E PRECES:

Animador(a): Ó Maria, neste mês de maio, agradecemos cada sinal de manifestação de Deus em nossas vidas e, por tua intercessão, roguemos ao Senhor:

Refrão: "Atende-nos, Senhor, por intercessão de Maria, nossa mãe."

(1) No dia 1º de maio, celebramos o dia dos trabalhadores, homens e mulheres. Peçamos por

tantas pessoas desempregadas, além de tantas outras que sofrem com as condições precárias ou insuficientes de trabalho, rezemos.

(2) Peçamos, de modo especial, pelas mulheres: para que possamos tomar consciência de tantas situações de desigualdades, injustiças e sofrimentos, e contribuir na busca de um maior reconhecimento da igualdade fundamental, da dignidade inalienável e da contribuição das mulheres na gestação de uma nova humanidade, rezemos.

(3) No segundo domingo do mês, celebramos, no Brasil, o Dia das Mães. Apesar do apelo muito comercial da festa, é uma ocasião de reconhecer e homenagear as nossas mães. Por todas as mães de nosso imenso país, para que possam ser valorizadas e não exploradas, nem serem vítimas de tantas situações familiares que provocam sofrimentos e morte, rezemos.

(4) No dia 13 de maio, recordando as aparições e mensagens de Nossa Senhora de Fátima: peçamos para que a Igreja reconheça e aprofunde o sentido das devoções populares, como caminho de uma fé relacionada com a vida e com as diversas culturas e sensibilidades, conforme a experiência de nosso povo, rezemos.

(5) No dia 24 de maio, celebra-se Nossa Senhora da Estrada, ou do Caminho, protetora das pessoas que viajam e de todos nós, caminhantes. Que Maria possa iluminar nossos caminhos e proteger as pessoas que vivem nas estradas ou estão em busca de um rumo na vida. Por isso, rezemos.

(6) Enfim, no final deste mês dedicado a Maria, segundo uma devoção popular, costuma-se coroar Maria como Rainha da humanidade. Que possamos não apenas venerar a realeza dessa grande mulher, Mãe de Deus e nossa mãe, coroando uma imagem, mas reconhecendo o seu exemplo e contribuição na construção do Reinado de Deus, anunciado por Seu Filho Jesus, rezemos.

(7) Em silêncio ou de viva voz, apresentemos nossas súplicas e preces a Deus, por intercessão de Maria da Esperança... rezemos.

Animador(a): Por Nosso Senhor Jesus Cristo, que contigo vive e reina, na unidade do Espírito Santo. Amém!

5. RITOS FINAIS:

Animador(a):

– Com Maria, Mãe da esperança, em comunhão com todos os que cultivam sonhos de um mundo novo, digamos a oração que o Senhor nos ensinou, seguida de uma ave-maria.

Pai Nosso...

Ave Maria...

– Para alimentar a nossa esperança, precisamos de gestos bem concretos: o que poderíamos fazer, pessoalmente ou em grupo, ao longo deste mês para aumentar a nossa esperança e a daqueles que mais necessitam?

– Rezemos à Nossa Senhora da Esperança:

ORAÇÃO À NOSSA SENHORA DA ESPERANÇA

Senhora da Esperança, tua alegria era fazer a vontade do Pai. Tua vida era estar atenta às necessidades dos outros. Intercede por nós! Quando nossa fé vacila, quando somos tentados a desesperar, Senhora da Esperança, intercede por nós! Quando fechamos o coração, quando consentimos a injustiça, Senhora da Esperança, intercede por nós! Quando parece ser difícil seguir teu Filho, quando nos cansamos de fazer o bem, Senhora da Esperança, intercede por nós! Quando o não se antecipa ao nosso sim, leva-nos a Jesus Cristo, nossa esperança.

– Amém!

Canto final e Confraternização.

MARIA, COM ESPERANÇA, ESCUTAVA A VOZ DO CORAÇÃO

Junho, 4º mês/noite

I. ABERTURA:

Animador(a): Relembrando as glórias do Senhor e de sua santa Mãe, estamos reunidos em nome do Pai, do Filho e do Espírito Santo!
– Amém!

Animador(a): O mês de junho é dedicado ao Sagrado Coração de Jesus, festa que se celebra sempre na segunda sexta-feira após a solenidade do *Corpus Christi*. Essa devoção cresceu muito e foi renovada pelo Papa Francisco, ampliando essa grande rede e corrente que é o Apostolado da Oração. A inspiração dessa devoção popular está baseada no relato bíblico da Paixão, segundo o qual Jesus, mesmo depois de entregar o espírito, foi ferido por um soldado romano, que, com uma lança, perfurou o lado esquerdo do seu peito, de onde jorraram sangue e água (Mt 19,34). [*pausa*]

> Orai, irmãos e irmãs
> frutos da Nova Aliança
> rezai junto à Mãe de Deus
> a Senhora da Esperança
> desde a anunciação
> até a encarnação
> do Verbo santo e divino
> alegrai a humanidade
> saudando a maternidade
> que cuidou do Deus menino.
>
> Vamos pensar com Maria
> escutando o coração
> que junho traga fartura
> festa, fé e devoção
> ouvindo seu santo filho
> andando no mesmo trilho
> abraçando os desvalidos
> Mãe que nos livra do medo
> esperança no degredo
> dos cansados e oprimidos.
>
> Luz da anunciação
> proteção para o caminho

virgem santa, mãe das mães
escuta, colo e carinho
face da fé encarnada
estrela vocacionada
promessa da aliança
alegria pra missão
ventre para a salvação
Maria, nossa esperança.

Leitor(a) 1: Sabemos que Jesus, ao longo de sua missão, falava com o coração, inclusive comovia-se, chorava, solidarizava-se e revelava sua compaixão pelas pessoas. Recordemos, pois, uma das passagens marcantes, que se refere ao seu amor pelas pessoas que sofrem: "Vinde a mim, vós que estais oprimidos de trabalhos e sobrecarregados, e eu vos aliviarei. Tomai sobre vós o meu jugo e aprendei de mim, que sou manso e humilde de coração, e encontrareis descanso para vossas almas. Porque o meu jugo é suave, e o meu peso, leve" (Mt 11,28-30).

Leitor(a) 2: Associado à devoção ao Coração de Jesus, celebra-se, na sequência, também o Coração de Maria, sua mãe e nossa mãe, em festa que se tornou pública em 1648. Mas, sobretudo a partir das aparições de Nossa Senhora em Fátima, a devoção ao Coração de Maria tomou um grande impulso. Em 1944, o Papa Pio XII tornou-a uma festa para toda a Igreja e, dois anos mais tarde, depois da Segunda Guerra Mundial, o mesmo papa consagrou o gênero humano ao Imaculado Coração de Maria. Em 1984, João Paulo II, solenemente, renovou o rito da consagração e pediu à Nossa Senhora que livrasse a humanidade da fome, das guerras e de todos os males.

Animador(a): No início desta novena, peçamos a Maria, mãe da esperança, que nos ensine a escutar com o coração para que, assim, possamos crescer nas virtudes da fé, da esperança e do amor.

Oremos: Ó Maria, tu, que escutaste a Palavra de Deus e guardaste todas as coisas em teu coração, ensina-nos também a fazer essa mesma experiência de fé e de serviço ao próximo. Coloca-nos junto com teu Filho Jesus Cristo, manso e humilde de coração, para que ele faça o nosso coração semelhante ao teu. Assim seja!

Quem canta reza duas vezes (Santo Agostinho). Rezemos, cantando.

Canto: *(à escolha, ver p. 121-136.)*

2. À ESCUTA DA PALAVRA DE DEUS:

Cresçamos em graça e sabedoria.

Evangelho de Jesus Cristo segundo São Lucas 2,41-52.

Todos os anos seus pais iam a Jerusalém para a festa da Páscoa. Quando completou doze anos, subiram, como de costume, para a festa. Depois que passaram os dias da festa, ao voltarem, o menino Jesus ficou em Jerusalém sem que seus pais soubessem. Pensando que ele estava na caravana, viajaram um dia inteiro e, depois, começaram a procurá-lo entre parentes e conhecidos. Mas, como não o encontrassem, voltaram a Jerusalém à sua procura. Depois de três dias eles o encontraram no Templo, sentado no meio dos doutores, escutando-os e fazendo-lhes perguntas. Todos os que o ouviam estavam assombrados com sua sabedoria e suas respostas. Quando o viram, ficaram comovidos e sua mãe lhe disse: "Meu filho, por que agiste assim conosco? Teu pai e eu estávamos aflitos à tua procura!". Jesus respondeu: "Por que me procuráveis? Não sabíeis que devo me ocupar com as coisas de meu Pai?". Mas eles não compreenderam suas palavras. Então, desceu de lá em sua companhia, voltou para Nazaré e lhes era submisso. Sua mãe conservava fielmente todas essas coisas no coração. E Jesus ia crescendo na sabedoria, no tamanho e no agrado a Deus e aos homens.

À luz da Palavra de Deus, que se fez carne, ousemos partilhar um pouco nossas reflexões:

(a) A passagem do evangelho relata como a família de Jesus ia ao Templo, conforme o costume dos fiéis, mas também como educava o filho, com certa liberdade, a ponto de Jesus "perder-se" da caravana e, inclusive, estranhar que os pais estivessem preocupados. Como temos experimentado, em nossas famílias, a relação entre educação, bons costumes e liberdade de escolha? Como educar na liberdade com responsabilidade?

(b) Como podemos crescer em sabedoria e graça diante de Deus e dos homens e mulheres de nosso tempo? O que significa crescer na obediência da fé e na liberdade dos filhos de Deus, conforme os apelos do Evangelho?

3. PALAVRAS DE SABEDORIA, segundo Dom José Tolentino Mendonça.

Gosto de pensar, Maria, que também a tua fraqueza sustém a tua força, que soubeste aceitar atravessar tantas incertezas, fazendo aderir o teu coração a uma confiança que não se via. E que, por isso, não te

é estranha a minha agitação confusa, a minha indecisão, os medos que em certas horas me agridem, e que tu, que tudo compreendes, sabes abraçar.
Gosto de recordar quanto foi difícil o teu caminho, repleto de obstáculos mais duros do que aqueles que eu enfrento, fustigado por sombras, derivas e dores. E que o teu olhar se tornou um imenso ventre, onde posso depor tudo aquilo que tanto me custa, e que tu, que tudo compreendes, sabes abraçar.
Gosto de contemplar essa tua capacidade de agradecer. De agradecer a anunciação luminosa e as suas ásperas consequências; essas palavras límpidas e depois uma dolorosa sucessão de momentos passados a perguntar-te como será; a brandura da brisa e a dureza do vento. E que, por isso, tu abraças o meu cansaço de viver com esperança, a minha força e a minha fragilidade; aquilo que levo ao termo e aquilo que deixarei incompleto; aquilo que depende ou não depende de mim – e tudo tu compreendes.
Gosto de saber que encontraste os planos de Deus infinitamente superiores a ti e que, mais uma vez, te sentiste pequena, só e não à altura, como tantas vezes eu me sinto. E também por isto, no fundo de mim experimento que me abraças, tu que tudo compreendes. Doce Coração de Maria, sede a nossa Salvação.

4. AGRADECIMENTOS E PRECES:

Animador(a): Santíssimos Corações de Jesus e Maria, unidos no amor perfeito, como nos olhais com carinho e misericórdia, consagramos nossas vidas e nossas famílias a vós.

Refrão: "Sagrados Corações de Jesus e Maria, escutai nossa oração e fazei nosso coração semelhante aos vossos."

(1) Reconhecemos que o exemplo de vosso lar em Nazaré pode ser uma inspiração para todas as famílias. Esperamos obter, com a vossa ajuda, a união crescente, o amor forte e a solidariedade em todas as situações da vida, na saúde e na doença, na alegria e na tristeza, na riqueza e na pobreza, rezemos.

(2) Que o nosso lar seja cheio de alegria, testemunhando a esperança do Reino, mesmo nos momentos difíceis. Que possamos participar de grupos familiares e profissionais, círculos de amigos e comunidades de fé, crescendo nos laços sociais. Que o afeto sincero, a paciência, a tolerância e o respeito mútuo sejam testemunhados por todos nós, rezemos.

(3) Que nossas orações incluam as necessidades dos outros, sobretudo a dos mais desprovidos, e não somente as nossas. Que as nossas ações sejam conformes às nossas palavras, segundo a lei do coração e do amor. Que possamos trabalhar por um mundo mais justo e fraterno, nas pequenas coisas e em parceria com outras pessoas, rezemos.

(4) Abençoai todos os que estão presentes neste encontro e também os ausentes, tanto os vivos como os falecidos, crentes e não crentes, as pessoas que amamos e as outras que ainda não amamos o bastante. Que o Senhor esteja conosco e que sejamos instrumentos da paz messiânica, rezemos.

(5) Mantende, Senhor, nossas famílias perto de vosso Coração, por intercessão de Maria. Quando formos provados pelas dificuldades da vida, concedei-nos a resiliência humana, a coragem da fé e "a esperança que não decepciona" (cf. Rm 5,5), rezemos.

(6) Intenções livres, em silêncio ou expressas espontaneamente... rezemos.

Oremos: Bendito seja o Coração Imaculado de Maria, que cumpriu fielmente o desígnio do Pai, gestando em seu seio e em seu espírito o Coração de Jesus, Palavra de Deus que se fez carne, tão humano quanto divino, sinal visível e concreto da misericórdia do Pai pela humanidade inteira. Maria, mãe de Jesus e nossa mãe, mulher que representava a pequena porção do povo de Deus, que colocava toda sua confiança no Senhor, dai-nos a graça de renovar a esperança, fortalecer nossa fé e crescer no amor ao próximo. Por Cristo, nosso Senhor. Amém!

5. RITOS FINAIS:

Animador(a):

– Com Maria, Mãe da esperança, em comunhão com todos os que cultivam sonhos de um mundo novo, digamos a oração que o Senhor nos ensinou, seguida de uma ave-maria.

Pai Nosso...
Ave Maria...

– Para alimentar a nossa esperança, precisamos de gestos bem concretos: o que poderíamos fazer, pessoalmente ou em grupo, ao longo deste mês para aumentar a nossa esperança e a daqueles que mais necessitam?

– Rezemos à Nossa Senhora da Esperança:

ORAÇÃO À NOSSA SENHORA DA ESPERANÇA

Senhora da Esperança, tua alegria era fazer a vontade do Pai. Tua vida era estar atenta às necessidades dos outros. Intercede por nós! Quando nossa fé vacila, quando somos tentados a desesperar, Senhora da Esperança, intercede por nós! Quando fechamos o coração, quando consentimos a injustiça, Senhora da Esperança, intercede por nós! Quando parece ser difícil seguir teu Filho, quando nos cansamos de fazer o bem, Senhora da Esperança, intercede por nós! Quando o não se antecipa ao nosso sim, leva-nos a Jesus Cristo, nossa esperança.

– Amém!

Canto final e Confraternização.

MARIA, ESPERANÇA NA LIBERDADE DOS FILHOS DE DEUS

Julho, 5º mês/noite

I. ABERTURA:

Animador(a): Relembrando as glórias do Senhor e de sua Santa Mãe, estamos reunidos em nome do Pai, do Filho e do Espírito Santo!
– Amém!

Animador(a): Meditemos sobre Maria, mãe da esperança, para que todas as pessoas sejam reconhecidas como filhos e filhas de Deus, vivendo com dignidade e liberdade. Neste mês, normalmente, os estudantes estão de férias, embora saibamos que nem todos podem usufruir desse tempo por falta de condições financeiras e/ou porque precisam ajudar as suas famílias. Rezemos tanto por uns como pelos outros. [*pausa*]

> Orai, irmãos e irmãs
> frutos da Nova Aliança

rezai junto à Mãe de Deus
a Senhora da Esperança
desde a anunciação
até a encarnação
do Verbo santo e divino
alegrai a humanidade
saudando a maternidade
que cuidou do Deus menino.

Meditemos com Maria
buscando profundidade
amadurecendo a prece
para crer com liberdade
como pediu São Tomé
podemos pedir à fé
um sinal de concretude
em julho a nossa oração
quer cultura, educação
trabalho, pão e saúde.

Luz da anunciação
proteção para o caminho
virgem santa, mãe das mães
escuta, colo e carinho
face da fé encarnada

estrela vocacionada
promessa da aliança
alegria pra missão
ventre para a salvação
Maria, nossa esperança.

Leitor(a) 1: Celebra-se, no dia 3 de julho, a festa de São Tomé, patrono daqueles que precisam "ver para crer" e daqueles que buscam, de coração sincero, encontrar a presença de Deus em suas vidas. E, no dia 16 de julho, a Igreja faz a memória facultativa de Nossa Senhora do Carmo. Peçamos a Deus a liberdade de levantar questões e dúvidas para aumentar a fé, como São Tomé, e, ao mesmo tempo, confiar totalmente em Deus, como Maria.

Leitor(a) 2: Maria ficou conhecida pela sua fé em Deus e por isso pode ser bem-aventurada: "feliz aquela que acreditou!". Não apenas Maria acreditou na Palavra de Deus e na mensagem do anjo, mas colocou-se à disposição para que o Senhor pudesse fazer maravilhas em sua vida, segundo a esperança do povo eleito. Peçamos a Maria, Mãe da Esperança, que nos ensine a crescer como verdadeiros filhos e filhas de Deus.

Oremos: Ó Maria, tu, que escutaste a Palavra de Deus e guardaste todas as coisas em teu coração, ensina-nos também a fazer essa mesma experiência de fé e de serviço ao próximo. Coloca-nos junto com teu Filho Jesus Cristo, para que possamos acreditar no que de fato somos: filhas e filhos de Deus, nosso Pai, que nos ama com um coração de mãe. Assim seja!

Canto: *(à escolha, ver p. 121-136.)*

2. À ESCUTA DA PALAVRA DE DEUS:

Maria nos ensina a descobrir a nossa filiação a Deus.

Leitura da Epístola de São Paulo aos Gálatas 4,4-7.

Irmãos: quando chegou a data marcada por Deus, ele, Deus, enviou seu Filho, nascido de uma mulher, nascido súdito da Lei, para resgatar os súditos da Lei, e assim fazer de nós filhos adotivos. E a prova de que sois filhos é que Deus enviou aos nossos corações o Espírito de seu Filho, que clama: "Abba-Papai". Portanto, tu não és mais escravo, mas filho; e, se és filho, também és herdeiro: tal é a vontade de Deus.

À luz da Palavra de Deus, partilhemos uns com os outros nossa compreensão e aprofundamento:
   (a) Quais são as amarras que mais nos escravizam nos dias de hoje?

(b) O que significa, concretamente, sermos todos filhos e filhas de Deus, pessoas livres segundo o Espírito de Jesus?

3. PALAVRA DE SABEDORIA, segundo o Papa Francisco.

As palavras do apóstolo Paulo iluminam o início do novo ano: "Quando chegou a plenitude do tempo, Deus enviou o Seu Filho, nascido de uma mulher" (Gl 4,4). Impressiona a expressão "plenitude do tempo". Antigamente era costume medir o tempo esvaziando e enchendo ânforas: quando estavam vazias, começava um novo período de tempo, que terminava quando estivessem cheias. Vemos nisto a plenitude do tempo: quando a ânfora da história está cheia, a graça divina transborda. Deus faz-se homem e faz-se através de uma mulher, Maria. Ela é o caminho escolhido por Deus; ela é o ponto de chegada de muitas pessoas e gerações que, "gota a gota", prepararam a vinda do Senhor ao mundo. Deste modo, a Mãe está no coração do tempo: aprouve a Deus fazer a viragem da história através dela, a mulher. Com esta palavra, a Escritura remete-nos para as origens, para a gênese, e sugere-nos que a Mãe com o Menino assinala uma nova criação, um novo início. Portanto, no início do tempo da salvação, temos a Santa Mãe de Deus, a nossa Mãe santa. Assim é bom que o ano se abra com a invocação dela; é bom que o povo fiel, como outrora em Éfeso (eram corajosos, aqueles cristãos!), proclame com alegria a Santa Mãe de Deus. De fato, as palavras "Mãe de Deus" exprimem a feliz certeza de que o Senhor, terno Menino nos braços da Mãe, se uniu para sempre à nossa humanidade, de tal modo que esta já não é só nossa, mas dele. "Mãe de Deus": poucas palavras para confessar a aliança eterna do Senhor conosco. "Mãe de Deus", um dogma de fé, e também um "dogma de esperança": Deus no homem e o homem em Deus, para sempre. A Santa Mãe de Deus (PAPA FRANCISCO, *Homilia sobre Maria*, 1º jan. 2024).

4. AGRADECIMENTOS E PRECES:

Animador(a): Rezemos (ou cantemos) a ladainha de Nossa Senhora composta pelo carmelita e hoje bispo da diocese de Mossoró (RN), Dom Francisco de Sales Alencar Batista, O.Carm.

1. Senhor, piedade
Ó Senhor, ouvi-nos

Cristo, piedade,
Ó Cristo, atendei-nos
Kyrie eleison

2. Santa Maria
Santa Mãe de Deus
Virgem pura e bela
Rogai pelos teus
Ora pro nobis.

3. Mãe dos viventes
Estirpe de Abrão
Herdeira da promessa
Filha de Sião
Ora pro nobis.

4. Escada de Jacó
Raiz de Jessé
Serva humilde e pobre
Esposa de José
Ora pro nobis.

5. Sarça que arde
Arca da Aliança
Fonte de água viva

Do povo, esperança
Ora pro nobis.

6. Cidade de Deus
Porta do oriente
Gáudio de Israel
Honra de nossa gente
Ora pro nobis.

7. Ó Cheia de graça
Virgem de Nazaré
Da Palavra serva
Modelo de fé
Ora pro nobis.

8. Virgem prudentíssima
Virgem oferente
Virgem pura e bela
Ó Mãe tão clemente
Ora pro nobis.

9. Ó mulher bendita
Mãe do Emanuel
Do silêncio casa
Ó Virgem fiel
Ora pro nobis.

10. Mãe da luz que nasce
De Deus a beleza
Santa, imaculada
Da fé fortaleza
Ora pro nobis.

11. Mãe da piedade
Nas dores, consorte
Da clemência, espelho
Da esperança, o norte
Ora pro nobis.

12. Ó Mãe providente
No calvário, forte
No cenáculo, orante
Na missão, suporte.
Ora pro nobis.

13. Mulher coroada
De sol revestida
Da Igreja, imagem
Terra prometida
Ora pro nobis.

14. Dos anjos Senhora
Ao céu elevada

Da paz és rainha
Nossa advogada
Ora pro nobis.

15. Ao Pai toda a glória
Ao Filho, nosso canto
Louvor ao Espírito
Deus três vezes Santo.
Deo gratias.

5. RITOS FINAIS:

Animador(a):

– Rezemos, como filhos e filhas de Deus, a oração que o Senhor nos ensinou e uma ave-maria.

Pai Nosso...

Ave Maria...

– Para alimentar a nossa esperança, precisamos de gestos bem concretos: o que poderíamos fazer, pessoalmente ou em grupo, ao longo deste mês para aumentar a nossa esperança e a daqueles que mais necessitam?

– Rezemos à Nossa Senhora da Esperança:

ORAÇÃO À NOSSA SENHORA DA ESPERANÇA

Senhora da Esperança, tua alegria era fazer a vontade do Pai. Tua vida era estar atenta às necessidades dos outros. Intercede por nós! Quando nossa fé vacila, quando somos tentados a desesperar, Senhora da Esperança, intercede por nós! Quando fechamos o coração, quando consentimos a injustiça, Senhora da Esperança, intercede por nós! Quando parece ser difícil seguir teu Filho, quando nos cansamos de fazer o bem, Senhora da Esperança, intercede por nós! Quando o não se antecipa ao nosso sim, leva-nos a Jesus Cristo, nossa esperança.

– Amém!

Canto final e Confraternização.

MARIA, ESPERANÇA DA IGREJA E DE TODAS AS VOCAÇÕES

Agosto, 6º mês/noite

I. ABERTURA:

Animador(a): Relembrando as glórias do Senhor e de sua Santa Mãe, estamos reunidos em nome do Pai, do Filho e do Espírito Santo!
– Amém!

Animador(a): No mês de agosto, rezamos por todas as vocações cristãs, ao mesmo tempo em que aprofundamos e renovamos a nossa própria vocação, profissional e pessoal, na sociedade e na Igreja. Precisamos renovar o *élan* de nossa vocação, a partir da esperança, assim como se faz necessário ampliar o número de colaboradores, conforme a indicação do próprio Jesus: "A colheita é grande, mas pequeno é o número dos trabalhadores. Rogai, então, ao dono da lavoura para que mande trabalhadores para a colheita" (Mt 9,37-38). [*pausa*]

Orai, irmãos e irmãs
frutos da Nova Aliança
rezai junto à Mãe de Deus
a Senhora da Esperança
desde a anunciação
até a encarnação
do Verbo santo e divino
alegrai a humanidade
saudando a maternidade
que cuidou do Deus menino.

Vamos pedir a Maria
que a chama da vocação
se alimente da esperança
na luz da sua assunção
que nos livre do marasmo
renove o entusiasmo
de quem ajuda o rebanho
em agosto a nossa prece
é por quem conduz a messe
de imensurável tamanho.

Luz da anunciação
proteção para o caminho
virgem santa, mãe das mães
escuta, colo e carinho

face da fé encarnada
estrela vocacionada
promessa da aliança
alegria pra missão
ventre para a salvação
Maria, nossa esperança.

Leitor(a) 1: Celebramos, neste mês, a solenidade da Assunção da Bem-aventurada Virgem Maria, também conhecida como "Nascimento de Maria para o céu", ou, segundo a tradição bizantina, festa da "Dormição". Essas diversas formas de nomear significam, segundo a tradição, que Maria foi preservada do pecado e da agonia da morte, tendo sido elevada aos céus, de corpo e alma. Ela, humana como nós, foi agraciada, inaugurando uma esperança nova para a humanidade inteira.

Leitor(a) 2: Que essa novena, seguindo os passos de Maria em sua gravidez, renove em nós a esperança em uma humanidade nova, segundo o fruto de seu ventre, Jesus, Filho de Deus. Rezando pelas vocações, que possamos renovar a nossa participação na missão da Igreja e da sociedade, além de tocar o coração de tantas pessoas que ainda não descobriram a sua profissão, vocação ou forma de contribuir com a transformação do mundo em Reinado de Deus.

Oremos: Ó Maria, tu, que escutaste a Palavra de Deus e a necessidade de tua parenta Isabel e respondeste prontamente, ensina-nos a escutar os apelos do Senhor e as demandas da humanidade, para que possamos responder com a mesma prontidão e serviço. Coloca-nos junto com teu Filho Jesus Cristo, Filho de Deus, que com ele vive e reina, na unidade do Espírito Santo. Amém!

Canto: *(à escolha, ver p. 121-136.)*

2. À ESCUTA DA PALAVRA DE DEUS:

O encontro de duas mulheres grávidas inaugurou uma nova esperança para todos nós:

Evangelho de Jesus Cristo segundo São Lucas 1,39-56.

Naqueles dias, Maria se dirigiu a toda a pressa para a região montanhosa, a uma cidade da Judeia. Entrou na casa de Zacarias e saudou Isabel. Quando Isabel ouviu a saudação de Maria, o menino saltou no seio dela e ficou cheia do Espírito Santo. Então, exclamou em voz alta: "Bendita és tu entre as mulheres e bendito é o fruto do teu seio! De onde me vem a felicidade de que a mãe do meu Senhor venha me visitar? Logo que ouvi a voz da tua saudação, o menino saltou de alegria em meu seio. Sim, feliz a que acreditou na realização do que lhe foi dito da parte do Senhor!". Então, Maria disse: "Minha alma engrandece o Senhor, meu espírito alegra-se intensamente em Deus meu Salvador, porque olhou para a humildade da sua serva. De agora em diante, todas as gerações me chamarão bem-aventurada, porque o Todo-Poderoso fez em mim grandes coisas. Santo é Seu Nome e Sua misericórdia se estende de geração em geração sobre os que o temem. Manifestou a força de seu braço, dispersou os homens de coração soberbo. Derrubou os poderosos de seus tronos e elevou os humildes. Deixou os famintos satisfeitos, despediu os ricos de mãos vazias. Socorreu Israel, seu servo, lembrando-se da sua misericórdia — conforme tinha prometido aos nossos pais — para com Abraão e sua descendência, para sempre!". Maria ficou cerca de três meses com Isabel. Depois voltou para a sua casa.

Meditando a Palavra de Deus, partilhemos nossas vidas no espelho do texto:
- (a) A intensidade do encontro entre essas duas mulheres, Maria e Isabel, é tão grande que até o bebê que esta carrega pula de alegria. Mais que

uma visita de cortesia, Maria foi, apressadamente, ao encontro de Isabel para colocar-se a serviço. Que sentimentos e pensamentos esse relato suscita em você?

(b) As palavras de Maria são uma verdadeira oração. Que imagem de Deus se revela no *Magnificat*? Que ações de Deus, segundo o canto de Maria, revelam quem ele é para a humanidade?

3. PALAVRAS DE SABEDORIA, segundo João Batista Libanio.

A esperança impulsiona-nos ao risco, à luta pela transformação da realidade. Nenhum fracasso dirá a última palavra sobre nós. Mostra a caducidade dos planos humanos, suscetíveis de mudanças. Nega-lhes o direito de imporem-se como absolutos, perfeitos. O passado e o presente não ditam o futuro. Não nos satisfazem plenamente. O presente não passa de início do futuro, que, porém, permanece aberto à esperança. Embalados por ela, agimos. A esperança rompe todos os projetos, ao apontar para a imprevisibilidade e a gratuidade do amor de Deus. Por isso, põe-nos na ação corajosa e destemida em direção a uma realidade que não cai sob total domínio.

[...] A esperança funda-se na fé no amor infinito de Deus. Fundamento inabalável. As crises pessoais, culturais e sociais abalam-nos a compreensão de Deus, mas não tocam na rocha inabalável do próprio Deus. Esse mesmo Deus nos permite com sua graça vencer os obstáculos da esperança. E, munidos dela, a atividade que exercemos na sociedade adquire maior valência e maior consistência (LIBANIO, J. B. *A escola da liberdade. Subsídios para meditar*. São Paulo: Loyola, 2010, 440-441).

4. AGRADECIMENTOS E PRECES:

Animador(a): Segundo o Papa Francisco, "o Dia Mundial de Oração pelas Vocações convida-nos, a cada ano, a considerar o precioso dom do chamado que o Senhor dirige a cada um de nós, seu povo fiel em caminho, pois dá-nos a possibilidade de tomar parte no seu projeto de amor e encarnar a beleza do Evangelho nos diferentes estados de vida. [...] Assim, este Dia proporciona-nos sempre uma boa ocasião para recordar, com gratidão, diante do Senhor o compromisso fiel, cotidiano e muitas vezes escondido daqueles que abraçaram uma vocação que envolve toda a sua vida. [...] Em última análise, a finalidade de cada vocação: tornar-se homens e mulheres de esperança" (*Mensagem para o LXI Dia Mundial de Oração pelas Vocações*, 21 abr. 2024). Inspirados nesse pronunciamento do Papa, apresentemos, de coração aberto, as nossas súplicas a Deus, por intercessão de Maria, dizendo:

Refrão: "Nós te pedimos, Senhor, por intercessão de Maria, nossa mãe."

(1) Por todos os casais que encaram a vida a dois como uma vocação, para que possam aprender a amar e a servir, primeiro dentro da célula familiar, mas também se abrindo aos outros, sobretudo aos que mais necessitam, rezemos.

(2) Por todas as pessoas que fazem de seu trabalho uma vocação e missão, e não apenas uma experiência de realização pessoal, mas de serviço ao outro e de transformação da sociedade onde vivem, rezemos.

(3) Pelas pessoas que se encontram em discernimento sobre o futuro de suas vidas ou que desejam mudar de orientação profissional e vocacional, para que encontrem as luzes necessárias para uma decisão acertada, rezemos.

(4) Pelas pessoas que consagram a sua vida ao Senhor e, assim, buscam contribuir na construção

do Reinado de Deus, na Igreja e no mundo, rezemos.
(5) Por aqueles que abraçam o ministério ordenado, como diáconos permanentes ou padres, para que possam ajudar no serviço ao povo de Deus em marcha, rezemos.
(6) Preces espontâneas, em silêncio ou expressas em voz alta... rezemos.

Enfim, rezemos juntos uma das mais conhecidas orações pelas vocações:

Oremos: "Senhor da messe e pastor do rebanho, faz ressoar em nossos ouvidos teu forte e suave convite: 'Vem e segue-me'! Derrama sobre nós o teu Espírito, que ele nos dê sabedoria para ver o caminho e generosidade para seguir tua voz. Senhor, que a messe não se perca por falta de operários. Desperta nossas comunidades para a missão. Ensina nossa vida a ser serviço. Fortalece os que querem dedicar-se ao Reino, na vida consagrada e religiosa. Senhor, que o rebanho não pereça por falta de pastores. Sustenta a fidelidade de nossos bispos, padres e ministros. Dá perseverança a nossos seminaristas. Desperta o coração de nossos jovens para o ministério pastoral em tua Igreja. Senhor da messe e pastor do rebanho, chama-nos para o serviço de teu povo. Maria,

Mãe da Igreja, modelo dos servidores do Evangelho, ajuda-nos a responder 'Sim'. Amém".

5. RITOS FINAIS:

Animador(a):

– Com Maria, Mãe da esperança, em comunhão com todos os que cultivam sonhos de um mundo novo, digamos a oração que o Senhor nos ensinou, seguida de uma ave-maria.

Pai Nosso...

Ave Maria...

– Para alimentar a nossa esperança, precisamos de gestos bem concretos: o que poderíamos fazer, pessoalmente ou em grupo, ao longo deste mês para aumentar a nossa esperança e a daqueles que mais necessitam?

– Rezemos à Nossa Senhora da Esperança:

ORAÇÃO À NOSSA SENHORA DA ESPERANÇA

Senhora da Esperança, tua alegria era fazer a vontade do Pai. Tua vida era estar atenta às necessidades dos outros. Intercede por nós! Quando nossa fé vacila, quando somos tentados a desesperar, Senhora da

Esperança, intercede por nós! Quando fechamos o coração, quando consentimos a injustiça, Senhora da Esperança, intercede por nós! Quando parece ser difícil seguir teu Filho, quando nos cansamos de fazer o bem, Senhora da Esperança, intercede por nós! Quando o não se antecipa ao nosso sim, leva-nos a Jesus Cristo, nossa esperança.

– Amém!

Canto final e Confraternização.

MARIA, OUVINTE DA PALAVRA E DAS NOSSAS SÚPLICAS

Setembro, 7º mês/noite

I. ABERTURA:

Animador(a): Relembrando as glórias do Senhor e de sua santa Mãe, estamos reunidos em nome do Pai, do Filho e do Espírito Santo!
– Amém!

Animador(a): A Natividade de Maria é uma festa litúrgica das Igrejas Católica e Anglicana, além daquelas dos cristãos sírios e coptas, comumente celebrada no dia 8 de setembro. Na Igreja ortodoxa, a festa da Mãe de Deus é celebrada no dia 21 de setembro. Assim, contando nove meses depois de comemorar a Imaculada Conceição, a Igreja Católica Romana celebra a festividade do seu nascimento.

> Orai, irmãos e irmãs
> frutos da Nova Aliança

rezai junto à Mãe de Deus
a Senhora da Esperança
desde a anunciação
até a encarnação
do Verbo santo e divino
alegrai a humanidade
saudando a maternidade
que cuidou do Deus menino.

Vamos nascer com Maria
ser fruto da melhor lavra
ouvir a voz da esperança
nos mistérios da palavra
entre doces e amarguras
enxergar nas escrituras
os passos do Redentor
é setembro, é primavera
Boa-Nova, nova era
na palavra do Senhor.

Luz da anunciação
proteção para o caminho
virgem santa, mãe das mães
escuta, colo e carinho
face da fé encarnada

estrela vocacionada
promessa da aliança
alegria pra missão
ventre para a salvação
Maria, nossa esperança.

Leitor(a) 1: Setembro, no Brasil, é o mês dedicado à Bíblia, período em que somos convidados a aprofundar a Palavra de Deus, contida nas Escrituras, e seu sentido para nossas vidas. Maria foi uma fiel ouvinte da Palavra de Deus, no livro da vida e nas Sagradas Escrituras, meditando, em seu coração, todos os acontecimentos de sua vida e da vida de seu povo.

Leitor(a) 2: Neste mês, celebra-se também a festa de Nossa Senhora das Dores, uma devoção que se inspira nas dores e nos sofrimentos de Maria, mãe de Jesus, segundo o testemunho das Sagradas Escrituras. Não é por acaso que o povo sofredor tem grande devoção a Maria, vendo nela uma pessoa solidária com as dores da humanidade e, portanto, uma forte intercessora junto a Deus e protetora do povo em suas maiores necessidades, angústias e esperanças.

Oremos: Ó Maria, tu, que escutaste a Palavra de Deus e guardaste todas as coisas em teu coração, ensina-nos também a fazer essa mesma experiência de fé e de solidariedade com o povo sofredor. Coloca-nos junto com teu Filho Jesus Cristo, que assumiu nossas dores, mas que Deus ressuscitou dos mortos, como sinal de superação e inspiração para renovar a nossa esperança. Assim seja!

Canto: *(à escolha, ver p. 121-136.)*

2. À ESCUTA DA PALAVRA DE DEUS:

Bem-aventurada aquela que acreditou na esperança de Deus.

Evangelho de Jesus Cristo segundo São Lucas 11,27-28.

Enquanto ele estava falando, uma mulher gritou do meio da multidão: "Feliz o seio que te trouxe e os peitos que te amamentaram!". Antes ele respondeu: "Mais felizes são os que ouvem a palavra de Deus e a praticam!".

Depois de meditarmos em nossos corações, partilhemos os ecos da Palavra de Deus em nossas vidas:
 (a) Maria é uma mulher que sofreu muito, mas também foi bem-aventurada e feliz. Como é possível sofrer e ser feliz? Qual a noção que temos de felicidade?

(b) Segundo um ditado popular, "quanto mais eu rezo, mais assombração vejo". Será que Deus não escuta as preces dos que sofrem? Ou será que a oração abre os nossos olhos para ver os problemas da vida e do mundo e, com os olhos abertos, vemos não apenas os nossos sofrimentos, mas os problemas dos outros?

3. PALAVRAS DE SABEDORIA, segundo Padre Antônio Vieira.

Quereis saber quão feliz, quão alto é e quão digno de ser festejado é o nascimento de Maria? Vede o para que nasceu. Nasceu para que dela nascesse Deus.

[...] Perguntai aos enfermos para que nasce esta celestial Menina, dir-vos-ão que nasce para *Senhora da Saúde*; perguntai aos pobres, dirão que nasce para *Senhora dos Remédios*; perguntai aos desamparados, dirão que nasce para *Senhora do Amparo*; perguntai aos desconsolados, dirão que nasce para *Senhora da Consolação*; perguntai aos tristes, dirão que nasce para *Senhora dos Prazeres*; perguntai aos desesperados, dirão que nasce para *Senhora da Esperança*. Os cegos dirão que nasce para *Senhora da Luz*; os discordes, para

Senhora da Paz; os desencaminhados, para *Senhora da Guia*; os cativos, para *Senhora do Livramento*; os cercados, para *Senhora da Vitória*. Dirão os pleiteantes que nasce para *Senhora do Bom Despacho*; os navegantes, para *Senhora da Boa Viagem*; os temerosos da sua fortuna, para *Senhora do Bom Sucesso*; os desconfiados da vida, para *Senhora da Boa Morte*; os pecadores todos, para *Senhora da Graça*; e todos os seus devotos, para *Senhora da Glória*. E se todas essas vozes se unirem em uma só voz, dirão que nasce para ser *Maria e Mãe de Jesus* (Vieira, Pe. A. *Sermão do Nascimento da Mãe de Deus*, itálicos nossos).

4. AGRADECIMENTOS E PRECES:

Animador(a): Rezemos, a partir das sete dores de Maria, por todas as pessoas que sofrem, dizendo:

Refrão: "Atende-nos, Senhor, por Maria, nossa mãe e vossa."

(1ª dor) A profecia de Simeão (Lc 2,28-35) acontece na apresentação de Jesus ao Templo. Simeão exulta de alegria por contemplar, olhando para Jesus, a esperança messiânica e a salvação da humanidade; mas, ao mesmo tempo, olhando para Maria, diz: "Uma espada de dor transpassará teu coração". Por tantas mães que vivem a experiência de alegria com o nascimento de um filho e, ao mesmo tempo, por motivos diversos, transformam sua vida em um grande sofrimento e dedicação, rezemos.

(2ª dor) A fuga para o Egito (Mt 2,13-18). De fato, logo depois da profecia de Simeão no Templo, Maria e José tiveram que fugir para o Egito, porque Herodes procurava o Menino Jesus para matá-lo. Durante quatro anos no Egito, embora não se tenham muitas informações, podemos imaginar os seus sofrimentos, vivendo num país diferente, com uma língua diferente, costumes diferentes, longe dos parentes e da terra natal. Por tantas famílias de migrantes e refugiados que vivem experiências semelhantes, para que encontrem em Maria um sinal de esperança e coragem, rezemos.

(3ª dor) A perda do Menino Jesus aos 12 anos (Lc 2,41-52). De retorno à terra, Jesus, Maria e José, como judeus piedosos, seguiam os costumes e peregrinavam a Jerusalém todos os anos para celebrarem a Páscoa. Quando Jesus completou

12 anos, fizeram essa peregrinação e, na volta, sentiram a falta de Jesus. Imaginem a aflição dos pais, embora tudo tenha sido um aprendizado! Por tantas famílias que perdem seus filhos quando pequenos, por situações bem diversas, ou perdem seus filhos adolescentes para as drogas, o crime, a depressão, e por tantas outras dores que assolam a humanidade, rezemos.

(4ª dor) O encontro de Maria com Jesus a caminho do calvário é uma dor que mistura os sentimentos de impotência e de indignação diante da injustiça, ao ver um inocente condenado, vítima de um complô entre os poderes político, jurídico e religioso. Imagine a dor de Nossa Senhora ao ver seu filho carregando uma cruz! Por tantas pessoas que são vítimas de processos injustos, por razões políticas, sociais, religiosas e culturais, sendo condenadas à prisão e à morte, rezemos.

(5ª dor) Maria vê seu Filho crucificado, acompanha Jesus em todos os seus passos, inclusive até a crucificação. Assim, ela sofreu com ele e sentiu a dor como uma espada que transpassou o seu coração. Cada chaga que abriam em seu Filho abria nela feridas e dores. Por tantas pessoas que sofrem com a dor do outro, como aquelas que são comprometidas com tantas situações de sofrimentos, causados por doenças ou por injustiças sociais, discriminações e violências, rezemos.

(6ª dor) Para certificar-se de que Jesus estava realmente morto, um soldado perfurou, com uma lança, o seu coração e dele jorraram sangue e água. Maria, de pé, presenciou tudo, sofrendo igualmente até da dor que seu Filho já não sentia. Por tantas pessoas que, graças às devoções do Sagrado Coração de Jesus e de Maria, não apenas suportam sofrimentos e dores, mas conseguem renovar a "esperança contra toda esperança", rezemos.

(7ª dor) O sepultamento de Jesus seguiu um rito igualmente sofrido. Após presenciar a morte de seu Filho, Maria presenciou também seu sepultamento, num túmulo emprestado por José de Arimateia, pois Jesus sequer tinha onde repousar a cabeça. Aqui encerram as sete dores de Nossa Senhora, com a aparente vitória da morte. Rezemos pelas pessoas empobrecidas, não somente ao longo de toda a vida, mas até mesmo na morte. Também pelas pessoas e grupos que, solidários com a dor, promovem ações de apoio e ajuda aos mais necessitados, rezemos.

Oração à Nossa Senhora das Dores

Oremos: Ó Mãe de Jesus e nossa mãe, Senhora das Dores, nós vos contemplamos pela fé, aos pés da cruz, tendo nos braços o corpo sem vida do vosso Filho. Uma espada de dor transpassou vossa alma como predissera o velho Simeão. Vós sois a Mãe das dores. E continuais a sofrer as dores do nosso povo, porque sois Mãe companheira, peregrina e solidária. Recolhei em vossas mãos os anseios e as angústias do povo sofrido, sem paz, sem pão, sem teto, sem direito a viver dignamente. E com vossas graças fortalecei aqueles que lutam por transformações em nossa sociedade. Permanecei conosco e dai-nos o vosso auxílio, para que possamos converter as lutas em vitórias e as dores em alegrias. Rogai por nós, ó Mãe, porque não sois apenas a Mãe das dores, mas também a Senhora de todas as graças e Mãe da "esperança contra toda esperança".

5. RITOS FINAIS:

Animador(a):

– Rezemos com amor e confiança a oração que nos faz irmãos e irmãs, bem como a saudação a Maria, mãe da Igreja e nossa mãe...
Pai Nosso...
Ave Maria...
– Para alimentar a nossa esperança, precisamos de gestos bem concretos: o que poderíamos fazer, pessoalmente ou em grupo, ao longo deste mês para aumentar a nossa esperança e a daqueles que mais necessitam?
– Rezemos à Nossa Senhora da Esperança:

ORAÇÃO À NOSSA SENHORA DA ESPERANÇA

Senhora da Esperança, tua alegria era fazer a vontade do Pai. Tua vida era estar atenta às necessidades dos outros. Intercede por nós! Quando nossa fé vacila, quando somos tentados a desesperar, Senhora da Esperança, intercede por nós! Quando fechamos o coração, quando consentimos a injustiça, Senhora da Esperança, intercede por nós! Quando parece ser difícil seguir teu Filho, quando nos cansamos de fazer o bem, Senhora da Esperança, intercede por nós! Quando o não se antecipa ao nosso sim, leva-nos a Jesus Cristo, nossa esperança.

– Amém!

Canto final e Confraternização.

MARIA, MISSIONÁRIA DA ESPERANÇA

Outubro, 8º mês/noite

I. ABERTURA:

Animador(a): Relembrando as glórias do Senhor e de sua santa Mãe, estamos reunidos em nome do Pai, do Filho e do Espírito Santo!
– Amém!

Animador(a): Outubro é um tempo especial para a Igreja, por diversas razões: é o mês do Rosário e das Missões, além de santos e santas importantes para a fé popular. Logo no início, 1º de outubro, celebramos Santa Teresinha do Menino Jesus, padroeira das missões, inaugurando o Mês Missionário. A devoção a Santa Teresinha espalhou-se por todo o mundo por conta de sua vida curta e sofrida, sua experiência de Deus a partir das pequenas coisas. [*pausa*]

Orai, irmãos e irmãs
frutos da Nova Aliança
rezai junto à Mãe de Deus
a Senhora da esperança
desde a anunciação
até a encarnação
do Verbo santo e divino
alegrai a humanidade
saudando a maternidade
que cuidou do Deus menino.

Vamos orar com Maria
outubro é mês do rosário
mês da "igreja em saída"
mês do vigor missionário
lembremos dos atos nobres
de quem vai servir aos pobres
de quem leva paz à guerra
de quem liberta o cativo
revelando um Cristo vivo
frente ao calvário da terra.

Luz da anunciação
proteção para o caminho
virgem santa, mãe das mães

escuta, colo e carinho
face da fé encarnada
estrela vocacionada
promessa da aliança
alegria pra missão
ventre para a salvação
Maria, nossa esperança.

Leitor(a) 1: No dia 7 de outubro, celebramos Nossa Senhora do Rosário. Por isso, esse mês também é o Mês do Rosário. Além de outras associações, lembremos a tradição das igrejas do Rosário dos Pretos, marca de um tempo sombrio de pessoas escravizadas em nosso país. Somos convidados a rezar pela missão da Igreja e dos cristãos no meio do mundo, pregando e testemunhando o Evangelho de Cristo. Maria, desde que João a levou para a sua casa, depois da morte de Jesus, tornou-se uma das mulheres atuantes na Igreja nascente. Por isso, ela é venerada como companheira da missão que caminha com todas as pessoas que são missionárias em muitas frentes, em suas comunidades ou no meio do mundo, de acordo com as necessidades e demandas do povo de Deus.

Leitor(a) 2: Outras celebrações importantes acontecem neste mês, como por exemplo: São Francisco de Assis, no dia 4 de outubro, dia da ecologia; Nossa

Senhora Aparecida, mãe negra e padroeira do Brasil no dia 12, quando festejamos o dia das crianças; Professores, no 15 de outubro; Círio de Nazaré, em Belém do Pará, manifestação grandiosa de amor à Mãe de Deus; Evangelista São Lucas, no dia 18, com a comemoração do Dia dos Médicos. São Lucas é também o evangelista que mais falou do Espírito Santo, das parábolas da misericórdia, das mulheres, dos pobres e pequeninos.

Animador(a): Enfim, a Campanha Missionária, realizada desde 1972, sempre no mês de outubro, é ação concreta da Conferência Nacional dos Bispos do Brasil (CNBB) e ajuda-nos a participar das missões no mundo inteiro (Pontifícias Obras Missionárias), criando laços de solidariedade e promovendo a consciência de que a Igreja toda é missionária e cada cristão é um agente da missão de Deus, em Jesus Cristo, a exemplo de Maria. Façamos, neste mês de outubro, alguma experiência missionária, acolhendo e transmitindo uma mensagem de fé e esperança a todos aqueles que necessitam.

Oremos: Ó Maria, tu, que escutaste a Palavra de Deus e guardaste todas as coisas em teu coração, ensina-nos também a fazer essa mesma experiência de fé e de serviço ao próximo. Tu que fizeste a experiência de continuar a missão de Deus, segundo o anúncio de Jesus

Cristo, ensina-nos a caminhar juntos como igreja em saída para os lugares onde se encontram os maiores apelos missionários, oportunidade de amar e servir. Coloca-nos junto com teu Filho Jesus Cristo, que vive e reina com o Pai, na unidade do Espírito Santo. Amém!

Canto: *(à escolha, ver p. 121-136.)*

2. À ESCUTA DA PALAVRA DE DEUS:

A esperança que nasce da coragem de uma mulher e mãe batalhadora.

Leitura do livro do Apocalipse 12,1-5.13.15-16.

Em seguida, um grande sinal apareceu no céu: uma mulher revestida de sol, com a lua debaixo dos seus pés e uma coroa de doze estrelas na cabeça. Ela estava grávida e gritava de dores, aflita para dar à luz. E apareceu um outro sinal no céu: um grande dragão vermelho, com sete cabeças e dez chifres, e nas cabeças sete diademas. A sua cauda arrastou uma terça parte das estrelas do céu e as atirou à terra. E o dragão parou diante da mulher que estava para dar à luz, querendo devorar seu filho, tão logo desse à luz. E ela deu à luz o filho, um menino, que tinha sido destinado a governar todas as nações com cetro de ferro. Mas seu filho foi levado para junto de Deus e do seu trono. O dragão, vendo que havia sido derrubado na terra, perseguiu a mulher que tinha dado à luz um filho, um homem. A serpente vomitou um rio de água contra a mulher, para que ela fosse arrastada na correnteza. Mas a terra socorreu a mulher, abrindo a boca para engolir o rio que o dragão tinha vomitado.

Para melhor meditar a Palavra de Deus em nosso coração, como Maria:
- (a) O livro do Apocalipse, escrito por São João Evangelista, testemunha a realidade de uma igreja perseguida, mas corajosa, desde os primeiros tempos do cristianismo. Que situações de perseguição da igreja ainda enfrentamos hoje no mundo e aqui mais perto de nós?
- (b) Apesar das situações de perseguição e/ou dificuldades na realização da missão, quais os maiores sinais de esperança?

3. PALAVRAS DE SABEDORIA, segundo o teólogo César Kuzma.

"A esperança cristã não se orienta para outro a não ser para o Cristo já vindo, mas dele ela espera algo de novo, algo que até agora não aconteceu;

espera o cumprimento e a realização da justiça de Deus em todas as coisas".

Trazemos aqui esta frase do teólogo alemão Jürgen Moltmann, falecido em 2024, de tradição protestante, mas de amplo diálogo com a teologia e a Igreja Católica. Moltmann ficou conhecido como o "teólogo da esperança" e sua reflexão serviu de fundamento para muitas das nossas abordagens e práticas pastorais, pois esta esperança não é passiva, mas ativa, ela nos coloca em movimento, em ação. Desta forma, acreditamos que a passagem que extraímos acima tem muito a nos dizer neste peregrinar de esperança, pois afirma que a orientação daquilo que esperamos está em Cristo, que, como ressuscitado, traz a nós algo novo, e esta novidade transforma nossas estruturas e nossas realidades. O ressuscitado antecipa em nós a justiça e faz com que o mundo seja, de fato, novo. Podemos afirmar que o conteúdo dessa esperança apresentada por Moltmann tem muito a ver com a esperança suscitada por Maria de Nazaré, principalmente no seu cântico *Magnificat*. Ressurreição é presença, é justiça que se faz plena, é a vida que se faz nova. Em seu cântico, Maria exulta em esperança diante do Deus que se aproxima, exaltando os humildes, sendo para estes a realização da justiça em todas as coisas. Neste mês de outubro, ao fazermos a memória de Maria na Virgem de Aparecida, temos algo próprio dessa justiça, dessa presença que se torna próxima e reacende em nós a força da esperança. Uma esperança que se faz concreta na vida e na fé do povo, na cor de nossa gente, no correr de nossas águas, na fé de nossas rezas e no reviver de nossas lutas – na esperança.

4. AGRADECIMENTOS E PRECES:

Animador(a): Façamos juntos a saudação de São Francisco à Virgem Mãe de Deus, na Capelinha da Porciúncula:

"Salve, ó Senhora Santa, Rainha Santíssima, Mãe de Deus, ó Maria, que sois Virgem Perpétua, escolhida pelo Santíssimo Pai celestial, que vos consagrou por seu Santíssimo e dileto Filho e o Espírito Santo Paráclito. Em vós residiu e reside toda a plenitude da graça e todo o bem. Salve, ó Palácio do Senhor! Salve, ó Tabernáculo do Senhor! Salve, ó Morada do Senhor! Salve, ó Manto do Senhor! Salve, ó Serva do Senhor! Salve, ó Mãe do Senhor! Assim como vós, todas as santas virtudes derramadas, pela graça e iluminação do

Espírito Santo, nos corações dos fiéis, convertendo-os de pecadores em santos diante de Deus! Amém."

Animador(a): Apresentemos ao Senhor nossas preces e súplicas, espontaneamente...

Canto: Oração de São Francisco

5. RITOS FINAIS:

Animador(a):

– Rezemos com amor e confiança a oração que nos faz irmãos e irmãs, bem como a saudação a Maria, mãe da Igreja e nossa mãe.
Pai Nosso...
Ave Maria...
– Para alimentar a nossa esperança, precisamos de gestos bem concretos: o que poderíamos fazer, pessoalmente ou em grupo, ao longo deste mês para aumentar a nossa esperança e a daqueles que mais necessitam?
– Rezemos à Nossa Senhora da Esperança:

ORAÇÃO À NOSSA SENHORA DA ESPERANÇA

Senhora da Esperança, tua alegria era fazer a vontade do Pai. Tua vida era estar atenta às necessidades dos outros. Intercede por nós! Quando nossa fé vacila, quando somos tentados a desesperar, Senhora da Esperança, intercede por nós! Quando fechamos o coração, quando consentimos a injustiça, Senhora da Esperança, intercede por nós! Quando parece ser difícil seguir teu Filho, quando nos cansamos de fazer o bem, Senhora da Esperança, intercede por nós! Quando o não se antecipa ao nosso sim, leva-nos a Jesus Cristo, nossa esperança.

– Amém!

Canto final e Confraternização.

MARIA E AS DORES DE PARTO DA ESPERANÇA

Novembro, 9º mês/noite

I. ABERTURA:

Animador(a): Relembrando as glórias do Senhor e de sua santa Mãe, estamos reunidos em nome do Pai, do Filho e do Espírito Santo!
– Amém!

Animador(a): Chegamos ao nono encontro, rezando com Maria, mãe grávida da Esperança do mundo, Jesus, Filho de Deus. Antes do Natal, teremos esse tempo privilegiado de quatro semanas do Advento, refletindo sobre as dores de parto da esperança. [*pausa*]

> Orai, irmãos e irmãs
> frutos da Nova Aliança
> rezai junto à Mãe de Deus
> a Senhora da Esperança

desde a anunciação
até a encarnação
do verbo santo e divino
alegrai a humanidade
saudando a maternidade
que cuidou do Deus menino.

Vamos sentir com Maria
as dores do nascimento
refletir nosso novembro
esperançar no Advento
lembrar dos que pobres nascem
vivem, resistem, renascem
para ser fermento e sal
procurando a estrebaria
tendo a estrela como guia
pra renascer no Natal.

Luz da anunciação
proteção para o caminho
virgem santa, mãe das mães
escuta, colo e carinho
face da fé encarnada
estrela vocacionada
promessa da aliança

alegria pra missão
ventre para a salvação
Maria, nossa esperança.

Leitor(a) 1: O Advento é um tempo privilegiado de preparação para a festa do Natal, marcado pela renovação da esperança e da expectativa de um ano novo, uma nova humanidade. Segundo uma tradição, coloca-se Maria da Esperança no centro da coroa do Advento[1], cercada das quatro velas que são acesas a cada domingo nas celebrações.

Leitor(a) 2: Sabemos das condições precárias do nascimento de Jesus. Importa recordar, em nosso tempo, das pessoas empobrecidas que esperam em Deus e contam conosco, cristãos, filhos de Deus e irmãos uns dos outros. Por isso, foi instituído, desde 2017, pelo Papa Francisco, o "Dia Mundial do Pobre", sempre no 33º Domingo do Tempo Comum.

Leitor(a) 1: Quando São Francisco propôs, em 1223, uma representação do nascimento de Jesus e acabou criando o presépio de Natal, ele quis que pudéssemos

---

1. Esse gesto, realizado em minha comunidade de origem, em Vazantes, Aracoiaba (CE), e em algumas outras, pode ser difundido nas comunidades, em lugares de celebração e até nas casas.

contemplar as condições precárias nas quais nasceu o filho de Deus. Talvez precisemos voltar a fazer presépios com mais realismo e menos decoração, apostando na esperança de um mundo mais humano, justo e fraterno.

Animador(a): Nesse tempo favorável, peçamos a Maria, mãe de Jesus e nossa mãe, que renove em nós a esperança.

Oremos: Ó Maria, tu, que escutaste a Palavra de Deus e guardaste todas as coisas em teu coração, ensina-nos também a fazer essa mesma experiência de fé e de serviço ao próximo. Encerrando essa novena, ao longo desses nove meses, queremos renascer, junto com teu Filho Jesus Cristo, Palavra que se fez carne, esperança de uma nova humanidade. Amém!

2. À ESCUTA DA PALAVRA DE DEUS:

Leitura das Epístolas de São Paulo aos Romanos 8,22-27 e aos Gálatas 4,19-20.

> *Nós sabemos que a criação inteira geme até agora como que em dores de parto. E não só ela, mas nós também, que possuímos o Espírito como primeira dádiva de Deus, gememos, interiormente, esperando a filiação adotiva, a redenção de nosso*

corpo. Nós fomos salvos na esperança. Mas esperança que se vê não é mais esperança. Como é que alguém pode esperar aquilo que vê? Se esperamos o que não vemos, esperamos com perseverança. Por isso o Espírito vem em auxílio de nossa fraqueza, porque ainda não sabemos como devemos rezar. Mas o próprio Espírito intercede por nós com gemidos inexprimíveis. Aquele que conhece profundamente os corações sabe qual é o desejo do Espírito, porque ele intercede pelos santos de acordo com a vontade de Deus.

Meus filhinhos, estou sofrendo de novo por vós como sofre a mulher que dá à luz seu filho, até que o Cristo se forme em vós. Gostaria de estar junto de vós neste momento, para mudar meu tom de voz e encontrar as palavras certas, pois não sei mais como proceder convosco.

Para meditar e partilhar:
(a) Que situações do tempo presente podem ser vistas como "dores de parto" e um novo tempo?
(b) Que pessoas são parteiras de uma vida nova? De que forma podemos ajudar esse parto da esperança?

3. PALAVRAS DE SABEDORIA, segundo o cardeal Dom José Tolentino Mendonça.

O amor é o caminho que nos leva à esperança. E esta não é uma espécie de consolação, enquanto se esperam dias melhores. Nem é, sobretudo, expectativa do que virá. Esperar não significa projetar-se num futuro hipotético, mas saber colher o invisível no visível, o inaudível no audível, e por aí afora. Descobrir uma dimensão outra dentro e além desta realidade concreta que nos é dada como presente. Todos os nossos sentidos são implicados para acolher, com espanto e sobressalto, a promessa que vem, não apenas num tempo indefinido futuro, mas já hoje, a cada momento. A esperança mantém-nos vivos. Não nos permite viver macerados pelo desânimo, absorvidos pela desilusão, derrubados pelas forças da morte. Compreender que a esperança floresce no instante é experimentar o perfume do eterno (MENDONÇA, J. T. *A mística do instante*. São Paulo: Paulinas, 2016).

4. AGRADECIMENTOS E PRECES:

Animador(a): Com as palavras do Salmo 62, confiantes e esperançosos como Maria, elevemos nossa prece a Deus, dizendo espontaneamente:

[*Aqui, cada um pode rezar um versículo.*]

Só em Deus acho repouso; dele só me vem auxílio!

Deus é a rocha que me salva; é minha força: não vacilo.

Até quando, sendo tantos, contra um só investireis? Contra o muro que se inclina, a parede a desabar?

Combinaram derrubar-me, em mentiras se deleitam. Abençoam com seus lábios, mas por dentro amaldiçoam.

Só em Deus acho repouso, dele vem minha esperança.

Deus é a rocha que me salva; minha força: não vacilo.

Minha glória está em Deus: protetor, refúgio e rocha.

Esperai nele, ó povo, sempre e sempre confiai. Abri vossos corações pois é Deus nosso abrigo.

Sopro são os filhos do homem; ilusão, filhos de nobres. Na balança sobem alto, juntos não pesam um sopro.

Não creiais na violência, vãos assaltos não trameis; se crescer vossa riqueza, não vos prenda os corações.

Uma vez Deus me falou, duas coisas entendi: o poder está em Deus, o amor nele se encontra.

Dás, ó Deus, a cada um a recompensa de seus atos.

Continuemos, espontaneamente, agradecendo e confiando a Deus nossas súplicas e esperança.

5. RITOS FINAIS:

Animador(a):
– Rezemos com amor e confiança a oração que nos faz irmãos e irmãs, bem como a saudação a Maria, mãe da Igreja e nossa mãe.

Pai Nosso...
Ave Maria...

– Para alimentar a nossa esperança, precisamos de gestos bem concretos: o que poderíamos fazer, pessoalmente ou em grupo, ao longo deste mês para aumentar a nossa esperança e a daqueles que mais necessitam?

– Rezemos à Nossa Senhora da Esperança:

ORAÇÃO À NOSSA SENHORA DA ESPERANÇA

Senhora da Esperança, tua alegria era fazer a vontade do Pai. Tua vida era estar atenta às necessidades dos outros. Intercede por nós! Quando nossa fé vacila, quando somos tentados a desesperar, Senhora da Esperança, intercede por nós! Quando fechamos o coração, quando consentimos a injustiça, Senhora da Esperança, intercede por nós! Quando parece ser difícil seguir teu Filho, quando nos cansamos de fazer o bem, Senhora da Esperança, intercede por nós! Quando o não se antecipa ao nosso sim, leva-nos a Jesus Cristo, nossa esperança.

– Amém!

Canto final e Confraternização.

ORAÇÕES MARIANAS

CÂNTICO DE MARIA

(Magnificat – Lc 1,46-55)

A minha alma engrandece o Senhor
e se alegrou o meu espírito em Deus, meu Salvador,
Pois ele viu a pequenez de sua serva.
Desde agora as gerações
hão de chamar-me de bendita,
o Poderoso fez em mim maravilhas
e santo é seu nome!
Seu amor, de geração em geração,
Chega a todos os que o respeitam.
Demonstrou o poder de seu braço,
dispersou os orgulhosos.
Derrubou os poderosos de seus tronos
e os humildes exaltou.
De bens saciou os famintos
e despediu sem nada os ricos.

Acolheu Israel, seu servidor, fiel ao seu amor
lembrando-se de sua misericórdia,
como havia prometido a nossos pais,
em favor de Abraão e de seus filhos para sempre.

SAUDAÇÃO MARIANO-TRINITÁRIA

Ave Maria, Filha de Deus Pai.
Ave Maria, Mãe de Deus Filho.
Ave Maria, Esposa de Deus Espírito Santo.
Ave Maria, Templo e Sacrário da Santíssima Trindade.

CONSAGRAÇÃO A NOSSA SENHORA

Ó minha Senhora! Ó minha Mãe!
Eu me ofereço todo(a) a vós!
E, em prova da minha devoção para convosco,
eu vos consagro, neste dia, meus olhos,
meus ouvidos, minha boca, meu coração
e inteiramente todo o meu ser!
E porque assim sou vosso(a),
ó incomparável Mãe,
guardai-me e defendei-me
como filho(a) consagrado(a) a vós.
Amém.

LEMBRAI-VOS

Lembrai-vos, ó puríssima Virgem Maria,
que nunca se ouviu dizer que algum
daqueles que tenha recorrido à vossa proteção,
implorado a vossa assistência
e reclamado o vosso socorro,
fosse por vós desamparado.

Animado eu, pois, de igual confiança,
a vós, Virgem entre todas singular,
como à Mãe recorro, de vós me valho,
e, gemendo sob o peso dos meus pecados,
me prostro aos vossos pés.
Não desprezeis as minhas súplicas,
ó Mãe do Filho de Deus humanado,
mas dignai-vos de as ouvir propícia
e de me alcançar o que vos peço.
Amém.
(São Bernardo de Claraval)

ORAÇÃO A MARIA, MATER DEI

Salve, santa Mãe de Deus,
Mãe da Divina Providência e nossa Mãe,
A ti, benigna e misericordiosa,

onipotente sobre o coração do teu Filho Jesus,
recorremos com confiança.

Vem, ó Mãe, vem cuidar de nós!
Eis-nos aqui, toma a chave do nosso coração:
vem para governar e proteger,
vem defender a nossa casa,
a Igreja e o mundo inteiro.

Dá-nos, ó Maria, uma alma grande e magnânima,
paciente na provação, forte na esperança,
ardorosa no amor a Deus e aos irmãos.

Santa Mãe, recorda-te de nós diante de Deus,
vigia os passos da nossa vida
até o santo Paraíso, perto de Ti, Maria,
sempre com Jesus, sempre contigo,
Santa Mãe do Senhor!
Amém.

(Dom Orione)

CANTOS

DAI-NOS A BÊNÇÃO
(Tradicional)

Dai-nos a bênção, ó Mãe querida
Nossa Senhora Aparecida (2x)

Sob esse manto do azul do céu
Guardai-nos sempre no amor de Deus

Eu me consagro ao vosso amor
Ó Mãe querida do Salvador

Ó MARIA CONCEBIDA
(Tradicional)

Ó Maria concebida
Sem pecado original
Quero amar-vos toda a vida
Com ternura filial

Vosso olhar a nós volvei
Vossos filhos protegei
Ó Maria, ó Maria
Vosso filhos protegei! (2x)

Sois estrela de bonança
Entre as trevas a brilhar
Sois farol de segurança
A quem sulca o negro mar

Açucena sois dos vales
Sois das fontes o frescor
Sois alívio em nossos males
Dais prazer em qualquer dor

A TREZE DE MAIO
(Tradicional)

A treze de maio
Na cova da Iria
No céu aparece
A Virgem Maria

Ave, Ave, Ave Maria!
Ave, Ave, Ave Maria!

A três pastorinhos
Cercada de luz
Visita Maria
A Mãe de Jesus

Das mãos lhe pendiam
Continhas de luz
Assim era o terço
Da mãe de Jesus

A Virgem lhes manda
O terço rezar
Assim diz – "Meus filhos
vos hei de salvar"

Dos vícios da carne
Nos manda conter
Que faz dentre todos
Mais almas perder

Vesti com modéstia
Com muito pudor
Olhai como veste
A Mãe do Senhor

MARIA, MÃE DA VIDA
(Letra e música: Verônica Firmino, fsp)

Maria, mãe de Deus
Querida mãe
O teu sim nos trouxe a vida e o amor
Geraste para nós o Salvador,
Exemplo de coragem, fidelidade ao céu

Foi difícil teu caminho, mas com fé
Seguiste a Cristo até ao calvário
Em pé permaneceste sem desfalecer
Diante do madeiro que o teu Filho morreu

Maria vem e dá-me tua mão
Conduze-me ao teu filho que morreu na cruz
Ensina-me a confiar e esperar
Ensina-me a crer, ensina-me a querer
Ensina-me a amar
Ensina-me a caminhar com Deus

Maria, Mãe da vida!
Maria, Mãe do amor
Maria, nossa mãe
És mãe do nosso Salvador!

Maria, mãe de todos os cristãos
Socorrei-nos na dor, na aflição
Maria segura minha mão
Não me deixe sucumbir
Ensina-me a ser fiel

Ensina-me o caminho até a cruz
Vem, ó Mãe, ajuda-me a caminhar
Se eu desfalecer segura a minha mão
Pra eu não desistir e até a cruz chegar

Pois eu sei que a cruz não é o fim
Pois nessa cruz teu Filho morreu por mim
E por amor a nós, ressuscitou
O teu Filho Redentor veio a todos resgatar
E o teu amor, ó Mãe
O meu coração vem acalmar

GRAÇAS DEMOS À SENHORA
(Popular Brasileira)

Graças demos à Senhora que por Deus foi escolhida
Para ser a Mãe de Cristo, a Senhora Aparecida

Virgem santa, Virgem bela, Mãe amável, Mãe querida
Amparai-nos, socorrei-nos, ó Senhora Aparecida

Nos momentos de perigo que são tantos nesta vida
Confiantes recorramos à Senhora Aparecida

Protegei a Santa Igreja, nossa mestra, nossa guia
Protegei a nossa pátria, ó Senhora Aparecida

Pelos lares brasileiros, pela infância desvalida
Ó, velai maternalmente, Virgem Mãe Aparecida

MÃE DE DEUS – *Teotókos*
(Letra e música: Verônica Firmino, fsp)

Quem é essa que é tão cheia de graça
Na Palavra do Senhor acreditou
Quem é essa que ao amor disse: Eis-me aqui
E tornou-se a mãe do Salvador

Quem é essa que no coração guardou
Tudo aquilo que o Senhor lhe revelou
Quem ensinou a Jesus a perdoar
E lhe mostrou o caminho do amor

Ó Maria, mãe de Deus
Ó Maria, mãe do Amor
O teu sim nos trouxe a vida
Pois geraste o Salvador
Vem, nos leva ao teu Filho
E nos guie em sua luz
Ó Maria, Mãe de Deus
Nossa mãe, Mãe de Jesus

Quem primeiro seguiu a voz do Mestre
E pra Missão com amor o motivou
Quem fiel até o calvário o acompanhou
E em pé, junto à cruz, confiou
Quem é essa que na fé permaneceu
E na Páscoa do Senhor se alegrou
Quem orou com os amigos do seu Mestre
E recebeu o Espírito de amor

Ó Maria, mãe de Deus (*Teotókos*)
Ó Maria, mãe do Amor
O teu sim nos trouxe a vida
Pois, geraste o Salvador
Vem, nos leva ao teu Filho

E nos guie em sua luz
Teotókos, Mãe de Deus
Nossa mãe, Mãe de Jesus

AVE, SEMPRE BELA
(Letra e música: Leonilda Menossi, fsp)

Ave, sempre bela
Virgem Mãe de Deus
Do alto mar estrela
Porta azul do céu
Novas o anjo traz
Ave, te saúda
Funda-nos na paz
De Eva o nome muda

Quebra a algema ao réu
Dá aos cegos luz
Dá-nos, Mãe do céu
O que ao céu conduz
Mostra seres Mãe
Faze a nós descer
Quem, por nós nascido
Quis de ti nascer

Mansidão, pureza
Virgem sem igual
Dá-nos com presteza
Livra-nos do mal
Dá-nos vida pura
Um caminho certo
Para quem procura
Ver Jesus de perto

Ave sempre bela
Virgem Mãe de Deus
Do alto mar estrela
Porta azul do céu
Glória ao Pai, ao Filho
E ao Consolador
Aos três tributai
Único louvor. Amém

NOSSA SENHORA DO CAMINHO
(Letra e música: Pe. M. de Espinosa)

Pelas estradas da vida
nunca sozinho estás,
Contigo pelo caminho
Santa Maria vai!

Ó, vem conosco, vem caminhar
Santa Maria, vem. (2x)

Mesmo que digam os homens
Tu nada podes mudar,
Luta por um mundo novo
De unidade e paz.

Se pelo mundo os homens
Sem conhecer-se, vão,
Não negues nunca a tua mão
A quem te encontrar.

Se parecer tua vida
Inútil caminhar,
Lembra que abres caminho
Outros te seguirão.

RAINHA DO CÉU, ALEGRAI-VOS
(Letra e música: Leonilda Menossi, fsp)

Rainha do céu alegrai-vos, aleluia!
Pois quem merecestes trazê-lo
Em vosso seio, aleluia!
Ressuscitou como disse, aleluia
Rogai por nós a Deus, aleluia!

Exultai e alegrai-vos Virgem Maria, aleluia!
Pois de verdade o Senhor ressuscitou, aleluia!

SENHORA DA GRAÇA
(Letra e música: Eliomar Ribeiro, SJ)

Senhora da Graça,
Mãe de Deus, nossa Mãe
Vem conosco andar nesta caminhada!

1. Maravilhas mulher, nosso Deus fez em ti.
   Tu geraste Jesus na ternura e na dor,
   no sonho e na fé! Vem conosco andar,

2. Dá-nos tua coragem, mulher abençoada,
   Companheira querida, canta o canto novo
   pra vida brilhar! Vem conosco andar.

MARIA LIBERTADORA
(Letra e música: Eliomar Ribeiro, SJ)

1. Olha por este povo,
   por esta massa, por esta gente
   tão inocente suando sangue pra ter o pão.

Olha por este povo que caminhando
melhor caminho está procurando
para sair da situação.

*Maria, libertadora,
liberta teus filhos da opressão (2x)*

2. Olha pela criança abandonada,
   que quer amor, mas é desprezada
   para o sistema não tem função.
   Olha o adolescente que está crescendo,
   o tempo passa e nem está sabendo
   que tem que haver participação.

3. Olha por estes jovens alienados,
   que vivem sempre sendo enganados
   pra que construam libertação.
   Olha pela mulher marginalizada,
   que quer viver, mas é rejeitada,
   que busca ainda compreensão.

MARIA, MULHER DO POVO
(Letra e música: Eliomar Ribeiro, SJ)

*Maria, mulher do povo,
conosco vem caminhar,*

*a força de teu exemplo
a história vai transformar.*

1. Ensina-nos a ter coragem
   de nunca desanimar
   na luta de doar a vida
   pra libertação despontar.

2. Na tua carne carregas
   a vida de tantas Marias,
   sofrendo em dores de parto
   pra dar à luz Novo dia.

3. Já basta de injustiças,
   escuta o nosso clamor.
   Queremos um mundo irmão,
   de paz, justiça e amor.

VEM, MARIA, VEM
(Letra e música: Lindbergh Pires, SJ)

*Vem, Maria, vem
Vem nos ajudar neste caminhar
tão difícil rumo ao Pai. (bis)*

1. Vem, querida Mãe, nos ensinar
   a ser testemunha do amor,

que fez do teu corpo sua morada,
que se abriu pra receber o Salvador.

2. Nós queremos, ó Mãe, responder
ao amor do Cristo Salvador.
Cheios de ternura, colocamos
confiantes em tuas mãos, esta oração.

AVE, CHEIA DE GRAÇA
(Letra e música: Pe. José Freitas Campos)

Ave, cheia de graça,
Ave, cheia de amor!
Salve, ó mãe de Jesus.
A ti nosso canto e nosso louvor!

1. Mãe do criador, rogai!
   Mãe do Salvador, rogai!
   Do libertador, rogai por nós!
   Mãe dos oprimidos, rogai!
   Mãe dos esquecidos, rogai!
   Dos desvalidos, rogai por nós!

2. Mãe do boia-fria, rogai!
   Causa da alegria, rogai!
   Mãe das mães, Maria, rogai por nós!

Mãe dos humilhados, rogai!
Dos martirizados, rogai!
Marginalizados, rogai por nós!

3. Mãe dos despejados, rogai!
Dos abandonados, rogai!
Dos desempregados, rogai por nós!
Mãe dos pecadores, rogai!
Dos agricultores, rogai!
Santos e doutores, rogai por nós!

4. Mãe do céu clemente, rogai!
Mãe dos doentes, rogai!
Do menor carente, rogai por nós!
Mãe dos operários, rogai!
Dos presidiários, rogai!
Dos sem-salário, rogai por nós!

SALVE, MARIA
(Letra e música: Pe. Jocy Rodrigues)

Salve, Maria,
Tu és estrela virginal de Nazaré,
És a mais bela entre as mulheres,
cheia de graça, esposa de José.

1. O anjo Gabriel foi enviado
   à vilazinha de Nazaré,
   para dar um recado lá do céu,
   àquela moça que casara com José.

2. Maria, ao ver o anjo, se espantou
   e o anjo disse nada a temer,
   pois ela tem cartaz lá no céu
   e o próprio Deus, um dia, dela irá nascer.

3. Maria acha difícil esta mensagem
   e o anjo afirma que Deus fará.
   E sua prima Isabel, embora velha,
   vai ter um filho que João se chamará.

4. Maria fez-se escrava do Senhor
   e apresentou-se para a missão,
   de ser a imaculada Mãe de Deus
   contribuindo para nossa salvação.